高职院校
学生核心素养的
培育路径

唐雪梅 / 著

吉林大学出版社
·长春·

图书在版编目（CIP）数据

高职院校学生核心素养的培育路径 / 唐雪梅著.
长春：吉林大学出版社，2025.6. -- ISBN 978-7-5768-5178-6

Ⅰ．G718.5

中国国家版本馆 CIP 数据核字第 20250TX095 号

书　　　名：	高职院校学生核心素养的培育路径
	GAOZHI YUANXIAO XUESHENG HEXIN SUYANG DE PEIYU LUJING
作　　　者：	唐雪梅
策划编辑：	卢　婵
责任编辑：	卢　婵
责任校对：	张　驰
装帧设计：	叶扬扬
出版发行：	吉林大学出版社
社　　　址：	长春市人民大街 4059 号
邮政编码：	130021
发行电话：	0431-89580036/58
网　　　址：	http://press.jlu.edu.cn
电子邮箱：	jldxcbs@sina.com
印　　　刷：	武汉鑫佳捷印务有限公司
开　　　本：	787mm×1092mm　1/16
印　　　张：	9.25
字　　　数：	120 千字
版　　　次：	2025 年 6 月　第 1 版
印　　　次：	2025 年 6 月　第 1 次
书　　　号：	ISBN 978-7-5768-5178-6
定　　　价：	72.00 元

版权所有　翻印必究

前　言

在新一轮科技革命与产业变革浪潮席卷全球的时代背景下，职业教育作为与经济社会发展联系最为紧密的教育类型，肩负着为产业升级输送高素质技术技能人才的关键使命。高职院校学生核心素养的培育水平，不仅直接决定着职业教育人才培养的质量，更关乎我国制造业向高端化、智能化、绿色化迈进的人才根基。从"中国制造"向"中国智造"转型的进程中，产业界对人才的需求已从单一技能型向具备创新能力、跨领域协作能力、终身学习能力的复合型人才转变，这对高职院校学生核心素养培育提出了前所未有的挑战与机遇。

近年来，我国职业教育改革持续深化，一系列政策的出台为职业教育高质量发展指明了方向。政策明确提出要深化产教融合、校企合作，推进育人方式、办学模式、管理体制、保障机制改革，其中，学生核心素养的培育成为贯穿改革的核心主线。然而，当前职业教育在人才培养过程中，仍存在着与产业需求脱节、育人模式创新不足、评价体系不完善等突出问题。部分高职院校课程设置滞后于行业技术更新速度，实践教学环节薄弱，导致学生难以适应快速变化的职业场景；校企协同育人机制尚未健全，企业参与职业教育的积极性和深度有待提升；评价体系重技能轻素养、重结果轻过程，难以全面反映学生的综合发展水平。这些问题制约着职业教育服务产业发展的能力，也凸显了系统研究和推进高职院校学生核心素养培育的紧迫性和重要性。

从理论发展脉络来看，核心素养概念的演进经历了从"素质教育"到"核心素养"的范式转变。此前发布的相关框架，从文化基础、自主发展、社会参与三个方面明确了学生应具备的关键能力和必备品格，为基础教育和高等教育人才培养提供了重要指引。与普通高等教育不同，高职院校学生核心素养具有鲜明的职业性、实践性和社会性特征。职业性要求学生不仅要掌握扎实的专业技能，更要具备良好的职业道德、职业精神和职业认同感；实践性强调学生需在真实的职业场景中锤炼问题解决能力和创新能力；社会性则要求学生具备团队协作、沟通交流和服务社会的意识与能力。这种独特性决定了高职院校学生核心素养培育不能简单照搬普通教育模式，而需要构建符合职业教育规律和学生成长需求的理论框架与实践路径。

本书围绕高职院校学生核心素养培育这一核心命题，以理论与实践相结合、问题导向与目标导向相统一为原则，系统展开研究。第一章从核心素养的概念演进入手，深入剖析高职学生核心素养的独特内涵，构建以发生认识论、实践方法论和人本价值论为根基的理论模型，并结合国家政策导向和产业升级需求，明确核心素养培育的时代使命。第二章通过对当前培育现状的梳理，总结政策引领下取得的实践成果，同时深入分析存在的结构性矛盾与实施瓶颈，为后续路径设计提供现实依据。第三章至第五章是本书的核心内容，分别从系统化路径设计、课程与教学改革、评价机制与质量保障体系建设三个维度，提出具体的解决方案和实施策略。第六章通过典型案例展示，呈现武汉铁路职业技术学院在核心素养培育方面的创新实践。第七章则立足未来，展望职业本科教育扩展、人工智能与元宇宙技术应用等趋势对核心素养培育的影响，并从政策完善、模式创新等方面提出建议，为职业教育改革发展提供前瞻性思考。

职业教育是国民教育体系和人力资源开发的重要组成部分，是培养多样化人才、传承技术技能、促进就业创业的重要途径。本书的研究，旨在为高职院校学生核心素养培育提供理论支撑和实践指导，推动职业教育更好地适应产业变革需求，培养出更多具有创新精神和实践能力的高素质技术技能人才，为我国从职业教育大国迈向职业教育强国贡献智慧和力量。期待本书的出版，能够引发更多教育工作者对职业教育人才培养的深入思考，共同探索职业教育高质量发展的新路径。

目　录

第一章　高职学生核心素养的内涵与理论框架 …………………… 1

第一节　核心素养的概念演进 ………………………… 1
一、从"素质教育"到"核心素养"的范式转变 …………… 1
二、高职学生核心素养的独特性 ………………………… 4

第二节　理论框架 ………………………………………… 6
一、核心素养培育的发生认识论根据 …………………… 6
二、核心素养培育的实践方法论根基 …………………… 8
三、核心素养培育的人本价值论根脉 …………………… 9

第三节　政策与时代需求 ………………………………… 11
一、职业教育政策导向分析 ……………………………… 11
二、产业升级对核心素养的新要求 ……………………… 12

第二章　高职学生核心素养培育的现状与挑战 ………………… 14

第一节　培育现状 ………………………………………… 14
一、政策体系持续完善 …………………………………… 14

二、校企合作深化产教融合 …………………………………… 16
　　三、课程改革与实践创新 ……………………………………… 17
　　四、就业质量稳步提升 ………………………………………… 19
第二节　核心挑战 …………………………………………………… 21
　　一、校企协同机制尚未健全 …………………………………… 21
　　二、学生职业素养培育碎片化 ………………………………… 22

第三章　高职学生核心素养培育的系统化路径设计 …………… 25

第一节　顶层设计逻辑 ……………………………………………… 25
　　一、"校—企—社—家"协同育人的机制构建 ………………… 25
　　二、"三课堂联动"的载体创新 ………………………………… 27
第二节　模块化培育框架 …………………………………………… 29
　　一、职业精神的培养 …………………………………………… 29
　　二、关键能力的提升 …………………………………………… 30
　　三、积极心态的塑造 …………………………………………… 32
　　四、健康生活方式的培育 ……………………………………… 36
第三节　差异化路径选择 …………………………………………… 38
　　一、情境驱动型路径 …………………………………………… 38
　　二、协同育人型路径 …………………………………………… 40

第四章　课程与教学改革的核心作用 ……………………………… 42

第一节　课程体系重构 ……………………………………………… 42
　　一、模块化课程设计 …………………………………………… 42
　　二、项目式教学与案例教学 …………………………………… 44

第二节　产教深度融合 ··· 45

　　一、校企联合开发活页教材和微课程资源 ················· 45

　　二、职业标准与教学标准的动态对接 ························ 46

第三节　"三教"改革实践 ··· 47

　　一、双师型教师团队建设 ··· 47

　　二、数字化教学资源库与虚拟仿真技术的应用 ········· 48

第五章　评价机制与质量保障体系建设 ································ 50

第一节　核心素养评价体系的构建 ···································· 50

　　一、核心素养评价面临的困境 ···································· 50

　　二、核心素养评价体系构建的原则 ···························· 51

　　三、核心素养评价体系设计框架 ································ 51

　　四、核心素养评价体系的实施路径 ···························· 52

第二节　多元化评价体系 ··· 53

　　一、过程性评价与结果性评价相结合 ························ 53

　　二、第三方评价引入 ··· 54

第六章　实践探索案例 ·· 56

第一节　理论教学 ··· 56

　　一、多维互动：沉浸式教学 ······································· 56

　　二、朋辈互助：核心素养提升的协同机制 ················· 74

第二节　实践育人 ··· 78

　　一、从"责任田"到"成长田"：劳动教育的多维赋能 ····· 78

　　二、从"光影叙事"到"精神淬炼"：微电影推动

　　　　多维塑造 ··· 80

· 3 ·

三、从"入学迷茫"到"校园融入"：心理健康教育的

　　　　多维引导 …………………………………………… 108

　第三节　服务育人 ……………………………………………… 120

第七章　未来趋势与政策建议……………………………………… 122

　第一节　发展趋势展望 ………………………………………… 122

　　一、职业本科教育的扩展对高职素养培育的辐射效应 …… 122

　　二、人工智能与元宇宙技术对职业场景教学的影响 ……… 124

　第二节　政策与实践建议 ……………………………………… 127

　　一、完善职业教育立法中的素养评价标准 ………………… 127

　　二、推动"岗课赛证"一体化育人模式创新 ……………… 129

参考文献 ………………………………………………………………… 132

第一章 高职学生核心素养的内涵与理论框架

第一节 核心素养的概念演进

一、从"素质教育"到"核心素养"的范式转变

素质教育作为我国教育发展的核心理念,历经数十年沉淀演进,已成为教育改革的关键坐标。素质教育理念的萌芽与发展,深刻折射出社会转型期对人才培养模式的深度反思与系统性重塑。素质教育的核心理念在于对"人的全面发展"的执着追求,它推动了德育铸魂、智育提质、体育固本、美育润心、劳育强能的深度融合。素质教育的演进历程,始终与我国教育改革同频共振、协同发展。从早期聚焦全民素质提升,到中期上升为国家战略推动课程改革;从基础教育领域重构三维课程目标,到职业教育确立职业素养与专业技能并重的培养导向;从促进教育公平、缩小城乡教育差

距的实践探索,到聚焦核心素养培育、深化新高考改革与职业教育创新发展,其内涵外延在时代演进中持续丰富拓展。在此进程中,教育工作者持续探索创新,积极融合现代教育理念与信息技术,推动素质教育向更深层次、更广领域进阶,为培养适应未来挑战的复合型人才筑牢根基。

  核心素养是21世纪全球教育改革的重要理念。21世纪初,经济合作与发展组织(Organization for Economic Co-operation and Development,OECD)提出"核心素养"概念,将其定义为个体实现自我、终身发展及融入社会的关键能力,随后欧盟、美国等相继推出本土化框架。我国于2014年启动核心素养体系研究,并将其界定为学生在接受相应学段教育过程中,逐步形成的适应个人终身发展和社会发展需要的必备品格与关键能力。它是关于学生知识、技能、情感、态度、价值观等多方面要求的结合体;它指向过程,关注学生在其培养过程中的体悟,而非结果导向;同时,核心素养兼具稳定性、开放性与发展性等特性,其生成与提炼是在与时俱进的动态优化过程中完成的,是个体能够适应未来社会、促进终身学习、实现全面发展的基本保障。核心素养与素质教育相比,具备更强的精准性和可操作性,标志着教育目标由广度向深度的转变,是素质教育在新时代的深化与升级。2016年,我国学者构建了以"全面发展的人"为核心的本土化学生发展核心素养框架,涵盖文化基础、自主发展、社会参与三个领域,细化为人文底蕴、科学精神、学会学习、健康生活、责任担当和实践创新六大素养(见图1.1)。

第一章 高职学生核心素养的内涵与理论框架

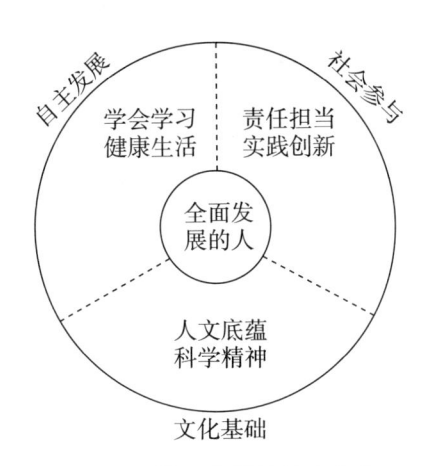

图 1.1 核心素养的基本内容

文化基础维度包含人文底蕴与科学精神。人文底蕴主要是学生在学习、理解、运用人文领域知识和技能等方面所形成的基本能力、情感态度和价值取向，具体包括人文积淀、人文情怀和审美情趣等基本要点；科学精神主要是学生在学习、理解、运用科学知识和技能等方面所形成的价值标准、思维方式和行为表现，具体包括理性思维、批判质疑、勇于探究等基本要点。自主发展维度聚焦学会学习与健康生活。学会学习主要是学生在学习意识形成、学习方式方法选择、学习进程评估调控等方面的综合表现，具体包括乐学善学、勤于反思、信息意识等基本要点；健康生活主要是学生在认识自我、发展身心、规划人生等方面的综合表现，具体包括珍爱生命、健全人格、自我管理等基本要点。社会参与维度则涵盖责任担当与实践创新。责任担当主要是学生在处理与社会、国家、国际等关系方面所形成的情感态度、价值取向和行为方式，具体包括社会责任、国家认同、国际理解等基本要点；实践创新主要是学生在日常活动、问题解决、适应挑战等方面所形成的实践能力、创新意识和行为表现，具体包括劳动意识、问题解决、技术应用等基本要点。

这一体系具有整合性、情境性和发展性三大特征：整合性旨在推动学科间的交叉融合，促进知识、技能与态度的有机统一；情境性强调在真实场景中的应用能力，如通过社区调研了解社会民众需求，进而促进社会责任感的提升；发展性则体现为动态调整，如近年新增"数字素养"以应对技术变革。我国核心素养的发展历经引入探索、政策确立与实践深化三个阶段。新课程改革初期引入国际经验，2016年后全面实践，中小学重构教学目标与教学方法，职业教育融入工匠精神与技术伦理，评价体系转向综合素质记录。这一理念不仅回应了人工智能时代对"元能力"的需求，更通过明确标准推动教育公平，破解了素质教育目标泛化的困境，为教育实践提供科学路径。从"素质教育"到"核心素养"的范式演进，本质是教育从"知识传递"向"生命滋养"的回归，这不仅是应对智能时代挑战的战略选择，更是实现"人之为人"教育本质的必然历程。

二、高职学生核心素养的独特性

学校作为培养核心素养的重要场所，不能闭门造车，要时时关注新科技、新工科的发展以及真实世界对核心素养的要求，动态有效地培养能实现自我发展和社会经济发展、担负民族复兴大业的时代新人。高职院校是培养高素质技术技能人才的主要阵地，高职教育过程中的核心素养体系在育人逻辑与价值取向上具有鲜明特征。高职教育对学生核心素养的要求具有社会性、职业性与实践性三大特点。

（一）社会性

社会性维度突破传统技能培养的局限，强调职业角色与社会公民身份的协同建构。在专业能力培养中，通过项目化教学、团队协作等模式，系统训练学生的沟通协调、组织管理等社会能力，使其适应现代企业跨部门协作的工作常态。同时，社会责任意识培养被纳入育人体系，如铁路信号专业强化学生的责任意识，工程技术类专业强调绿色生产理念，医疗护理专业注重生命伦理教育，现代服务类专业关注人文关怀价值。部分院校组织学生参与社区服务、乡村振兴、铁路春运旅客服务等项目，在实践中深化对职业社会价值的认知，形成技术应用与社会效益相统一的价值取向。

（二）职业性

职业性特质贯穿高职学生核心素养培育的全过程，既强调技术技能的提升，也注重职业价值的塑造。在产业转型升级背景下，职业能力的内涵已从单一操作技能向复合型能力演变。学生既需要掌握特定岗位的核心知识和技能，还需要具备跨岗位的技术迁移能力，以更好地应对可能面临的职业流动。更重要的是，职业精神的内化是高职学生核心素养培育的关键环节，通过将工匠精神、职业道德融入专业课程与实训环节，增强学生的职业认同感，促进形成积极健康、可持续发展的职业价值观。

（三）实践性

实践性特征体现为"做中学"与"学中创"的螺旋式能力建构过程。高职院校通常会建构多层次的实践教育体系，涵盖学校内的基础技能训练与综合项目实践，最终拓展至企业实际生产场景，进而形成递进的能力发展路径。学生在接受实践教育的过程中，不仅能够掌握设备操作、工艺流程等显性技能，更能通过反复的"实践—反思—再实践"循环，增强技术问题诊断与解决的能力。随着产业技术快速迭代，实践性素养的内涵正向技术创新延伸，部分院校通过设立创客空间、技术改良项目等，鼓励学生在真实技术场景中开展应用型创新，实现从技术复制到创造性转化的能力升级。

第二节　理论框架

一、核心素养培育的发生认识论根据

高职院校学生核心素养的培育根植于认知发展的内在规律，皮亚杰的认知发展理论是其发生认识论的重要理论依据。职业教育过程有其特殊性，教育者依托创设的职业情境，培育学生的知识建构、问题解决与批判性思维等能力，形成认知结构与职业实践交互促进的动态发展过程。

（一）知识建构过程

根据皮亚杰提出的同化与顺应机制，我们可以更好地理解职业知识建构的过程。同化是指有机体作用于环境，把环境因素纳入自己已有的认知结构和图式之中，以加强和丰富主体的动作。顺应则是指个体因环境因素限制而不断改变认知结构，以求其内在认知与外在环境经常保持平衡的过程。高职学生在接受教育的过程中，并非被动接受抽象理论，而是在真实职业场景中通过具象化经验重构认知体系。例如，机械专业学生在机床操作中，将力学原理转化为加工精度的具象认知，这是同化过程的体现；而当接触工业机器人编程时，传统加工认知图式被打破，需通过顺应建立数字化生产的新知识框架。校企协同的教学设计通过"教室—车间—企业"的渐进式场域转换，使学生在真实生产任务中反复经历认知平衡的打破与重建，最终形成可迁移的职业知识体系。这一过程突破了传统课堂的符号化学习模式，实现了职业能力与认知发展的同步进阶。

（二）问题解决能力的培育

问题解决能力的培育进程，紧密依赖于对皮亚杰平衡化理论的实践层面转化。当人们在认识世界和改造世界的过程中遇到新情况、新问题时，总是试图运用人类世代积累起来的知识经验去解释和解决（同化），而当已有的知识经验难以解释或解决新的问题时，这种新的不平衡就会激发人们去寻求新的解决问题的方法和途径（顺应），以达到新的平衡。这种不断的平衡、不平衡、平衡……的过程，就是人类文明不断发展和创新的过程，是人类社会不断进步的源泉和动力。高职教育的实训场景天然具备打破旧平衡的条件。例如，当编程参数误差导致机械臂轨迹偏离预设时，理论假设与实践结果的矛盾导致认知失衡，原有的平衡被打破，促使学生开始反思技术问题，寻求新的问题解决之道。这种失衡通过"故障诊断—方案设计—迭代优化"的完整过程转化为问题解决能力，使具体操作经验升华为系统性技术策略，促进学生建立新的平衡，实现能力提升。这种基于实际问题的认知调节机制，推动学生从简单的技能指令操作者，逐渐转变成长为能应对复杂技术问题的实践者，体现了职业教育从经验操作层面向认知迁移层面的能力跃升。

（三）批判性思维的培养

皮亚杰提出，人的智力发展要经过感知运动阶段、前运算阶段、具体运算阶段和形式运算阶段这四个阶段。处于形式运算阶段的个体可以在头脑中将形式和内容分开，可以离开具体事物，根据假设来进行逻辑推演的思维。培养高职学生的批判性思维需要突破技术理性的局限，这与皮亚杰形式运算阶段的认知特征相呼应。高职教育的社会性维度要求将技术实践置于伦理与社会价值的坐标系中审视，促使学生发展出超越具体经验的元认知能力。在医疗护理实践中，学生需在操作规范之外思考人文关怀与效率优先的平衡关系；面对自动驾驶的责任归属难题时，通过多角色模拟辩论构建"技术—社会—伦理"三维批判框架；参与乡村振兴项目的建筑专业学生，则需在传统工艺保护与现代施工标准的张力中反思文化传承价值。这种批判性思维的培育已超越单纯的技术训练，使学生能够对职业行为进行假设演绎与价值判断，在形式运算层面实现工具理性与价值理性的辩证统一，最终成长为具有职业灵魂的实践者。

二、核心素养培育的实践方法论根基

高职院校学生核心素养培育的实践方法论根基，立足于职业教育的类型化特征与人才培养的内在规律。产教融合作为方法论的社会化根基，通过校企协同机制将产业需求转化为教育目标，重塑教学全流程。产教互嵌的实践逻辑，确保核心素养培育始终锚定职业世界的真实需求，破解传统教育中理论与实践脱节的困境。

（一）结构化支撑：能力本位教育理论的三阶模型应用

能力本位教育理论为方法论提供结构化支撑，通过"能力分析—模块设计—情境训练"的三阶模型实现素养的具象化培育。基于岗位群需求拆解技术技能、方法能力与社会能力的复合目标，智能制造专业需融合设备操作、工艺优化与团队协作的多元能力结构；将工业机器人集成应用分解为机械装配、电气调试等模块化课程单元，每个单元对应特定能力指标；依托虚拟仿真、生产性实训与顶岗实习的阶梯式训练，形成"单项技能习得—综合能力整合—职业素养内化"的螺旋上升路径。这种结构化设计打破学科壁垒，使知识传授与能力培养形成闭环。

（二）实践路径：行动导向教学法的任务驱动与素养生成

行动导向教学法则为方法论落地提供操作性范式，以"做中学"与"学中创"的认知逻辑驱动素养生成。电子商务专业以"农产品直播带货"项目贯穿市场分析、文案策划与直播运营的全流程，学生在完成真实产品推广任务中同步提升技术应用与创新思维；通过设置设备故障排查、工艺能耗优化等复杂问题情境，激发学生分析决策与反思改进能力，如在智能产线调试中，团队需协作攻克机械臂轨迹偏移难题，经历"现象观察—假设验证—方案迭代"的完整认知循环；这种以行动任务为载体的实践路径，使批判性思维、创新意识等抽象素养转化为可观察、可评估的行为表现，推动学生从被动执行者向主动创造者转型。

（三）生态保障：多维协同支撑体系的环境建构

多维协同的生态化支撑体系则为方法论实施提供环境保障。双师型教师需通过企业挂职、技术研发等途径重构能力结构，既能讲授理论，又能示范实操；工匠精神通过大师工作室、技能竞赛等载体浸润校园文化，数控加工专业引入劳模工匠担任实践导师，在零件精密加工中传递精益求精的职业价值观；数字化赋能构建"物理—虚拟"融合的教育生态，虚拟现实技术还原高危作业场景，大数据分析实现个性化学习诊断。这种"课程—教师—文化—技术"四位一体的协同机制，为核心素养培育提供持续动力，使职业教育的育人过程既对接产业发展的技术理性，又彰显促进人的全面发展的教育理性。

三、核心素养培育的人本价值论根脉

高职院校学生核心素养培育的人本价值论，深植于教育促进"人的全面发展"的本质追求，彰显了职业教育从"技能工具化"向"生命整全性"的范式转型。这一价值取向以学生主体性觉醒为逻辑起点，秉持职业能力发展与生命价值实现的辩证统一，在技术技能训练中融入人文关怀，构建"成事"与"成人"相融合的育人生态。

相较于传统职业教育将学生视为产业发展"人力资本"的工具理性思维，人本价值论重新锚定教育使命：在培育技术能手的同时，唤醒学生的创造性潜能、职业尊严感与社会责任感，使职业教育成为个体生命成长的赋能场域。这种教育模式突破了"人力工具化"的异化困境，实现工具理性与价值理性的动态平衡，为职业教育回归"育人本位"提供了实践样本。人本价值论的核心在于构建职业能力与人文素养的共生机制，通过技术教育的人文化改造实现全人发展。

人本价值论还蕴含着深刻的教育公平意蕴，通过差异化支持机制为弱势群体赋能。这些实践将教育公平从机会均等推向发展质量的实质正义，彰显职业教育促进社会流动的价值担当。在课程评价层面，用成长档案袋替代标准化测试，记录学生从机械操作到创新设计的能力进阶，从技能习得到职业伦理养成的精神蜕变，这种发展性评价机制使教育过程真正聚焦于"人的成长"而非"分的累积"。走向人本价值的职业教育改革，本质是马克思"人的自由全面发展"思想的当代践行。它重塑技术技能人才培养内涵：不仅是掌握岗位技能的职业个体，更是兼具批判思维、创新精神与社会担当的人。

第三节 政策与时代需求

一、职业教育政策导向分析

高职院校学生核心素养培育的职业教育政策导向，始终与国家战略需求深度耦合，其演进轨迹清晰映射出从"规模扩张"向"内涵建设"、从"就业导向"向"终身发展"的范式升级。近年来，一系列政策举措系统构建起"类型教育定位—产教融合驱动—数字技术赋能—社会公平保障"的四维框架，为核心素养培育提供了制度性支撑。政策逻辑的深层转向体现为三个维度：一是育人目标从单一技能训练转向"德技并修、复合发展"的素养体系建构；二是教育功能从服务产业适配升级为促进人的全面发展与社会公平正义；三是实施路径从行政主导转向多元主体协同共治，形成政府、行业、企业、学校联动的育人生态。

政策导向的实践突破首先体现在类型教育定位下的制度创新。通过战略定位的突破性调整，职业教育被明确为独立的教育类型，彻底打破传统教育体系中"层次教育"的认知局限。这一转向催生了一系列制度设计：专项资金支持校企共建产业学院，推动企业技术标准转化为课程模块，使学生在职业认证过程中同步内化职业伦理与创新意识；重构评价体系，将新兴领域技能认证融入课程，倒逼教学改革嵌入跨领域素养要求；动态优化专业设置，增补前沿技术领域专业方向，确保素养培育始终锚定产业变革趋势。这些制度工具将核心素养从抽象理念转化为可操作的实践路径，为技术技能人才终身发展奠定基础。

产教融合政策的深化实施构建起素养生成的新型动力机制。通过政策引导与资源整合，形成"标准对接—场景重构—能力内化"的实践路径：

行业组织与教育部门联合制定人才能力标准，将绿色生产理念、数字化协作能力等素养维度纳入岗位模型；校企协同开发项目化课程，企业工程师主导设计实践教学环节，将质量管控、工艺优化等职业素养转化为可观测的行为指标；虚拟仿真实训基地的建设，让学生在模拟真实生产流程中锤炼系统思维与危机处置能力。这种深度融合机制使素养培育突破课堂边界，在真实职业场景中实现知行合一。

政策导向的价值升华突出体现在对社会公平与数字正义的关切。通过专项计划为农村学生提供免费技能培训，推动东西部院校协作共建技术教育中心，缩小区域教育资源差距；开放共享数字化学习平台，使农民工等群体通过移动终端获取智能制造、电子商务等课程资源，消弭数字鸿沟；开发虚拟仿真课程，构建虚实融合的实训场景，让学生在数据驱动中掌握流程优化与预测性维护能力。这些创新举措不仅回应技术变革需求，更在数字时代重塑教育公平的实现方式，使弱势群体通过技能提升获得发展机会。

二、产业升级对核心素养的新要求

产业升级对高职院校学生核心素养的新要求，缘于技术革命与产业结构变革的深度交织。随着智能化、数字化、绿色化成为产业发展的核心趋势，传统以单一技能为核心的人才培养模式已难以适应产业链现代化需求。技术迭代加速模糊了职业边界，人工智能重塑了生产流程，跨领域协同成为常态，这些变革倒逼高职教育重构学生素养框架，从"技能熟练度"转向"技术适应性+数字生存力+价值创造力"的复合型能力体系，以应对产业生态的系统性转型。

培养技术复合能力是应对产业技术集成化的核心路径。在智能制造、新能源等新兴领域，岗位能力需求正从单一技术操作转向多学科交叉融合。这种跨领域能力要求高职教育打破专业壁垒，构建模块化课程集群，推动"机械+电子+信息"等跨学科课程的模块化整合，让学生在真实生产项目中淬炼复杂问题解决能力。

数字素养培育是产业数字化转型的必然要求。在虚实融合的智能生产场景中，技术技能人才需兼备数据思维与数字技术应用能力。高职教育应构建"虚实共生"实训场景，让学生在虚拟仿真环境中反复演练设备调试、参数优化与异常预判，在真实数据交互中培育数据驱动决策的思维范式。

可持续发展力塑造是全球产业绿色转型的战略导向。在"双碳"目标驱动下，绿色技能从辅助知识升级为核心职业能力。高职教育应将绿色发展理念深度融入专业教学体系，通过典型生产案例分析，引导学生在资源循环利用、污染防控等实践中处理技术伦理问题，使学生在掌握工艺技能的同时，建立全生命周期的生态责任意识。

创新弹性培育是应对职业生态剧变的核心策略。在产业升级加速的当下，技术替代速率加快，岗位迭代周期压缩至3～5年，职业不确定性倒逼人才构建持续进化的能力体系。高职教育必须从"就业技能速成"转向"发展能力筑基"，注重培育学生复合素养，使其在职业生命周期中形成弹性进化机制，从而在产业震荡中保持发展韧性与创新活性。

第二章　高职学生核心素养培育的现状与挑战

第一节　培育现状

一、政策体系持续完善

在新时代职业教育改革浪潮中，国家围绕类型化发展持续深化顶层设计，通过系统性制度创新与资源优化配置，构建起涵盖目标定位、实施路径、质量保障的全链条政策体系。职业教育正式确立与普通教育同等重要的类型地位，这一战略定位的重大突破，彻底扭转了传统教育体系中"重普教、轻职教"的认知偏见，为职业教育高质量发展奠定了坚实基础。

从制度层面来看，职业教育改革呈现出多维度推进的特点：一是在法律层面，明确企业参与职业教育的责任与义务，为校企合作提供法律保障；二是在资源配置上，加大对产教融合项目的支持力度，引导优质资源向职业教育领域集聚;三是在评价体系中,突出职业素养导向,构建以能力为核心的多元评价机制。这些制度创新相互配合,共同筑牢职业教育素养培育的实践根基。

政策体系创新推动产教协同育人实现实质性突破,构建起"政府主导、行业指导、校企联动"的育人新框架,需求导向的素养培育模式渐趋成熟。行业与教育部门协同制定职业能力标准,将绿色生产、数字化协作等新兴素养融入岗位要求;校企以混合所有制共建实训基地,企业工程师与教师联合开发项目化课程,把质量意识、创新思维等素养培育嵌入真实生产任务;行业技术认证体系重构评价标准,形成阶梯式评价维度。

质量保障体系的系统性升级为核心素养培育提供动态支撑。专业设置动态优化机制及时响应产业变革,增补人工智能应用、绿色能源技术等新兴领域课程模块;教学实施中的诊断改进制度依托大数据分析学情,精准识别学生技术应用薄弱环节与创新实践短板;师资队伍建设强化"双师型"标准,要求教师兼具教学能力与技术研发经验,通过企业挂职、技术攻关等途径更新知识结构。

政策体系的创新突破着力构建技术技能人才终身发展体系。学分银行制度打破学历教育与职业培训的界限,支持学生以技能认证、项目实践等多元方式积累学习成果;开放性学习平台整合虚拟仿真实训资源,为在岗人员提供数字素养与绿色技能的持续提升渠道;弹性学制结合模块化课程,赋予学习者依据职业发展需求灵活选择学习内容的自主权。政策驱动的终身学习生态,正重塑技术技能人才的成长路径,让能力提升与职业发展同频共振,真正实现教育服务全生命周期的价值。

二、校企合作深化产教融合

伴随职业教育改革向纵深推进，校企协同育人机制实现从资源共享到能力共育的跨越升级，构建起"产业需求牵引、教育标准适配、资源双向赋能、素养动态培育"的闭环生态体系。这种深度融合突破传统合作边界，不仅强化学生技术实操能力，更聚焦职业精神、创新思维与社会责任的多维塑造，推动核心素养培育从单一技能训练向立体化育人转型。

（一）校企协同的制度性突破

产教融合的深化体现为制度设计的系统性创新。通过构建校企利益共享机制，企业从"被动参与者"转变为"育人责任主体"，深度介入人才培养全流程。例如，校企联合制定岗位能力标准，将行业技术规范、职业伦理要求等融入课程目标；共建混合所有制产业学院，企业工程师与教师共同开发项目化课程，将生产线真实问题转化为教学案例。这种制度性突破使核心素养培育从教育场域延伸至产业一线，形成教育与产业的深度互嵌。

（二）资源共享的共生机制

产教融合的深化催生了教育资源与产业资源的双向流动机制。企业将先进设备、技术专家、真实案例等资源导入教育端，高职院校则为企业提供技术研发、员工培训等智力支持。这种资源共享机制打破校企边界，使学生的技术学习始终与产业前沿同步，职业素养培育获得持续动力。

（三）实践教学的模式重构

校企合作推动教学模式从"模拟实训"向"真实生产"迭代。依托企业真实生产场景，构建"教室—车间—研发中心"的进阶式学习场域。在基础技能训练阶段，学生在校内实训基地掌握标准化操作；在综合能力提升阶段，进入企业生产现场参与工艺优化项目；在创新素养培养阶段，加入校企联合技术攻关团队，解决产业技术难题。这种"做真事、真做事"的教学模式，使学生在解决复杂工程问题的过程中，形成技术应用能力、团队协作能力与创新思维的综合提升。

（四）技术反哺的生态构建

校企合作正在形成"教育赋能产业—产业反哺教育"的共生生态。企业技术难题转化为学生创新课题，产业升级需求倒逼课程内容更新，这种双向互动使核心素养培育具有动态适应性。这种以真实问题为载体的培养模式，使技术技能训练与职业价值观塑造深度融合，学生不仅成为技术执行者，更成长为具有问题意识与创新能力的职业主体。

（五）数字化赋能的协同升级

产教融合在数字化转型中呈现新形态。校企共建虚拟仿真实训平台，通过数字孪生技术还原复杂生产场景，让学生在虚实融合环境中训练技术决策能力；开发智能化学习系统，基于企业生产数据构建动态案例库，实现教学资源与产业实践的实时联动。

三、课程改革与实践创新

当前，职业教育加速从"知识传授"向"能力生成"转型，通过革新教学模式、优化课程体系、强化实践教学，将核心素养培育转化为可量化、可评估的能力提升路径。这一变革精准对接产业升级需求，着力培养复合型技术技能人才，同时为学生的终身职业发展筑牢根基。

（一）教学模式的创新

实践导向的教学模式革新重塑课堂生态。项目化教学以真实产品或服务为载体，让学习回归职业场景。虚实融合的混合式教学打破空间界限，借助虚拟仿真平台模拟高危作业场景，保障学生安全实训；依托数字化学习平台整合企业案例与微课资源，支持个性化、碎片化自主学习。两种教学模式协同发力，推动理论知识与实践技能深度融合，有效提升教学实效。

（二）课程体系的重构

传统职业教育课程的学科壁垒正被打破，取而代之的是以工作过程为导向的模块化课程体系。围绕典型职业任务，课程打破机械、电子、信息等领域界限，将跨学科知识有机整合为"技术应用模块"。这种重构让学习场景与职业环境深度融合，学生在完成真实项目任务中，既能提升技术实操能力，又能深化职业认知。同时，课程内容动态更新机制确保新能源技术、工业互联网等前沿知识及时融入教学，助力学生在技术快速迭代的背景下，持续保持适应性学习与创新实践能力。

（三）实践载体的深化

实践教学正从单一技能训练向综合素养培育跃升。校企共建的"教学工厂"打破教学与生产的壁垒，学生在真实生产线完成零件加工、质量检测全流程操作，同步涵养精益生产的职业精神；技术创新工坊以开放课题为牵引，如学生团队针对传统机床能耗难题设计节能系统，在技术攻关中锤炼工程思维与责任意识。

（四）评价机制的变革

课程评价体系正从"知识本位"向"能力导向"深度转型。通过引入过程性评价工具，以成长档案袋系统收录学生项目实践中的技术方案、协作记录及反思日志，立体化呈现能力发展轨迹；同时构建职业素养评价量表，将质量意识、创新能力、团队协作等要素纳入考核指标。此外，第三方评价机制邀请企业导师参与毕业设计评审，以行业标准检验技术方案可行性与职业素养适配度，推动教育链与产业链形成双向反馈闭环，确保评价结果真实反映学生职业能力发展水平。

（五）数字化赋能的突破

数字化浪潮正重塑课程实施生态。智能教学系统依托实训数据精准分析，为学生定制个性化学习方案；虚拟教研室打破地域限制，促进跨校师资协同开发模块化课程资源。区块链技术则赋能学习成果认证，为学分银行提供安全可信的技术底座。

四、就业质量稳步提升

随着职业教育改革的深化，技术技能人才的培养从"规模输出"转向"素质提升"，学生核心素养的全面构建正成为撬动就业竞争力、职业发展力与社会适应力的关键支点。当前，高职学生就业质量的稳步提升，实质是核心素养培育成效的外显化表征。

（一）就业竞争力的结构性升级

核心素养培育推动学生从"单一技能持有者"向"复合能力集成者"转型，显著增强就业市场竞争力。技术复合能力的培养使学生具备跨岗位迁移能力，如智能制造领域毕业生既能操作智能设备，又可参与工艺优化方案设计。这种能力结构的升级，使高职学生在产业技术快速迭代中展现出更强的岗位适应性。具备跨领域技术整合能力的毕业生，其入职培训周期缩短，技术创新提案数量显著增加，成为企业技术升级的重要人力资源支撑。

（二）岗位适配度的精准化提升

产教融合的深化使人才培养与产业需求实现动态匹配，就业岗位适配度持续优化。校企协同开发的岗位能力标准直接对接企业真实需求，课程模块中嵌入的绿色生产规范、数字化协作流程等素养要求，确保学生技能体系与行业前沿同步。这种"教育链—人才链—产业链"的精准对接，使高职毕业生就业方向与区域重点产业布局高度契合。

（三）职业发展空间的持续性拓展

核心素养培育打破传统职业教育"重初次就业、轻终身发展"的局限，为学生职业成长注入持续动能。创新创业素养的渗透使学生从"岗位执行者"向"价值创造者"转变。跟踪调查显示，具备技术创新意识与自主学习能力的毕业生，其职务晋升速度与薪资涨幅均高于行业平均水平，职业生命周期的延展性显著增强。

（四）重点群体的赋能性突破

核心素养培育在促进就业公平方面成效显著，为农村学生、残障人群等弱势群体开辟上升通道。例如，通过定制化素养提升计划，农村学生获得数字技能与现代农业技术融合培训，返乡后成为智慧农业技术推广骨干。这种"技能赋能—体面就业—阶层流动"的良性机制，正在重塑职业教育促进社会公平的实践路径。

（五）就业生态的系统性优化

数字化转型推动就业服务模式创新，为核心素养与岗位需求的精准对接提供技术支撑。智能化就业平台通过分析学生素养数据与产业人才需求画像，实现"素养—岗位"智能匹配；虚拟仿真实训中积累的操作数据成为企业选才的重要参考，部分企业直接根据学生在数字孪生项目中的表现发放岗位预录取资格。此外，工匠精神培育带来的职业认同感提升，使高职学生在先进制造、现代服务等领域就业稳定性显著增强，"闪辞率"同比下降，企业用人成本有效降低。

第二节 核心挑战

一、校企协同机制尚未健全

当前校企合作仍普遍存在"校热企冷""形式大于内容"的困境，产教融合的深度与广度难以满足核心素养培育的系统性需求。

（一）合作机制的表层化制约素养生成

多数校企合作仍以短期项目、顶岗实习等传统形式为主，缺乏深度融合的制度性安排。企业出于成本控制与商业机密保护考虑，往往仅提供基础性岗位实习，学生难以接触核心技术流程与创新性任务。这种浅层合作模式导致学生核心素养培育悬浮于产业真实场景之外，职业伦理、质量意识等软性素养难以通过实践内化。

（二）标准对接的滞后性削弱素养适配

行业企业参与职业教育标准制定的主动性不足，人才培养规格与岗位能力需求存在"时间差"与"内容差"。新兴产业的技术迭代速度远超课程更新周期，部分高职院校仍沿用五年前制定的专业标准，导致学生掌握的技能与行业前沿脱节。更关键的是，企业对绿色生产规范、数据安全伦理等新兴素养要求未能有效融入教学标准，学生在就业后需经历漫长的二次适应期，削弱了核心素养的岗位适配价值。

（三）资源共享的壁垒阻碍素养进阶

校企资源双向流动存在体制机制障碍，制约了素养培育的迭代升级。企业先进设备、工艺数据等核心资源向教育端开放程度有限，实训教学仍以淘汰机型或简化模型为主，学生无法在真实技术生态中形成系统性思维。同时，院校教师缺乏参与企业技术攻关的常态化通道，难以将产业最新动态转化为教学资源。这种资源割裂状态使学生技术认知停留在抽象理论层面，难以形成解决复杂工程问题的实践智慧。

（四）评价反馈的缺失弱化素养改进

校企协同缺乏有效的素养评价与反馈机制，育人质量改进陷入闭环缺失的困境。企业参与人才评价多局限于实习鉴定表签字等形式化环节，未能建立基于岗位胜任力的精细化评估体系。学生团队协作能力、创新贡献度等关键素养维度缺乏量化指标，企业用人反馈无法精准传导至教学改进环节。这些问题导致核心素养培育难以实现动态优化，削弱了职业教育回应产业变革的敏捷性。

二、学生职业素养培育碎片化

高职院校学生职业素养培育的碎片化困境，已成为制约学生核心素养体系化构建的关键瓶颈。当前职业素养培养普遍存在"课程孤立化""实践环节化""评价表层化"等问题，知识传授、技能训练与价值塑造未能形成有机融合，导致学生的职业认知、技术能力与社会责任呈现割裂状态，难以适应产业升级对复合型人才的整体性要求。

（一）课程体系的结构性割裂

职业素养培育尚未形成贯穿人才培养全过程的课程逻辑链。专业课程过度聚焦技术操作细节，职业伦理、工匠精神等素养要素被简化为独立开设的思政课程或专题讲座，与专业技术教学形成"两张皮"。这种课程体系的分裂导致学生技术能力与职业价值观的培育相互脱节，难以在真实工作场景中实现知行合一。

（二）实践教学的环节化局限

职业素养培育被机械拆解为孤立的教学环节，缺乏系统性设计。校内实训侧重设备操作的标准化考核，企业实习停留于岗位技能模仿，创新创业训练异化为商业计划书撰写竞赛，各环节间缺乏能力进阶的内在关联。学生在零件加工实训中可能获得精密操作的肌肉记忆，却未理解精益生产背后的职业态度；在顶岗实习中掌握设备操作流程，却缺乏参与工艺优化的创新实践机会。这些问题使学生难以将碎片化经验升华为整体性职业认知，技术应用与价值创造无法形成良性互动。

（三）评价体系的离散性缺陷

职业素养评价缺乏多维贯通的指标体系，不同培育环节采用割裂的评价标准。课程考核侧重知识点记忆与操作熟练度，实习评价依赖企业导师主观印象，职业精神培育效果仅通过思想汇报等定性材料呈现。这种离散化评价导致质量意识、团队协作、创新思维等素养维度沦为"隐形指标"，无法形成对学生素养发展的持续追踪。

（四）师资队伍的协同性不足

教师素养培育能力的碎片化加剧了教学实施的分散性。专业教师侧重技术原理讲授，思政教师负责职业价值观灌输，企业导师聚焦操作规范指导，三类主体间缺乏协同育人机制。此外，教师自身往往缺乏产业实践经验，难以在教学中将技术细节与职业场景深度融合，加剧了知识传授与素养生成之间的断层。

第三章　高职学生核心素养培育的系统化路径设计

第一节　顶层设计逻辑

一、"校—企—社—家"协同育人的机制构建

致力于破解传统教育主体割裂、资源分散难题，高职院校学生核心素养的培育亟需构建校企社家协同育人的机制。通过整合学校、企业、社会与家庭的育人功能，形成目标协同规划、资源聚合优化、育人全程联动、成果普惠共享的有机育人链条，推动技术技能人才的培养从学校向企业、社会和家庭多方延伸，实现职业能力、创新精神与社会责任的深度融合。

（一）协同目标的体系化设计

构建统一的价值目标是"校—企—社—家"协同育人机制的核心。校、企、社、家协同构建的"技术应用能力＋职业伦理素养＋社会适应能力"

的复合型目标体系，打破了单一育人主体的局限，既对接了产业需求，又创造了社会价值。学校主要承担基础教育模块，侧重对学生进行专业理论教学与基础技能训练；企业主导实践创新模块，通过真实项目任务培养学生技术应用与问题解决能力；社区组织承担社会服务模块，通过乡村振兴、基层治理等场景培育学生的家国情怀和奉献服务意识；家庭参与职业发展模块，通过身体力行的示范和心理疏导，支持帮助学生建立职业认同和稳定的心理优势。

（二）资源融通的有机整合

资源要素的有机整合是"校—企—社—家"协同育人机制的关键环节。学校承担向企业和社会输送人才的责任，但因资源有限，人才培养无法做到完全对接企业标准，因此，企业可以向院校提供真实工作场景体验、开放数据库、研发项目，院校可针对企业的要求设定"订单班"，为企业输送定制化人才与技术服务；社会组织搭建技能竞赛、公益实践等素养展示平台；家庭通过给予职业认知引导、提供心理支持，助力子女的成长与发展。

（三）评价反馈的动态循环

多元主体参与的评价反馈体系是"校—企—社—家"协同育人机制的动态调节器。通过建立"诊断—改进—优化"的动态循环，能够及时调整育人策略，有力保障育人质量。学校依据企业和行业标准评估学生知识和技能的掌握情况，企业依据岗位胜任力模型评估学生技术应用效能，行业协会通过职业资格认证检验素养达标度，社区基于服务成效反馈社会责任意识发展水平，家庭从成长轨迹观察职业价值观形成过程。

（四）制度保障的有力支撑

制度保障是"校—企—社—家"协同育人机制的有力支撑。制度创新与政策配套能够保证协同育人机制的可持续运行。建立"职业教育贡献度积分制"，对提供了实训岗位、参与了课程开发的企业给予税收优惠与荣誉激励，获得的积分可兑换政府补贴或优先获得定制化人才培养服务；从政策激励、合作机制、监督保障等多方面着手，构建鼓励社会组织参与职业教育的制度框架，社区组织承接职业体验基地建设纳入公共服务考核指标；完善家庭参与教育的家校协同平台建设规范，家庭参与职业认知教育活动计入学生综合素质评价体系。这种制度设计将各方利益诉求转化为协同动力，保障育人机制的长效运转。

二、"三课堂联动"的载体创新

"三课堂"是第一课堂、第二课堂、第三课堂的总称。第一课堂即传统意义上的学校课堂，以系统传授知识、技能和态度品德为主要内容的课堂教学活动。第二课堂指学生在课外进行的学生社团、各类培训、考证考级、自主实践、学科竞赛、技能竞赛、科技创新活动等。第三课堂主要是在校外进行的实践教学活动，如专业社会实践、生产实习、社会调查、岗前综合实训、顶岗实习、技术服务、志愿服务等。第一课堂夯实认知基础，第二课堂锤炼实践智慧，第三课堂升华价值认同，三者通过载体联动形成素养生成的完整链条。高职院校学生核心素养培育的"三课堂联动"机制，打破了传统课堂边界，推动理论认知、技术应用与社会责任深度融合，为技术技能型人才的全面发展提供系统性路径。

（一）第一课堂载体创新

第一课堂的理论教学载体正从单向传授转向场景化体验，将抽象的理论知识嵌入真实问题情境中。例如，有的课程采用临场课堂情景式教学，设置模拟情境开展探究式学习。通过"情境思政"体系，将思政教育巧妙地融入具体的工科学习情境之中，学生在学习专业知识的同时，培养了家国情怀和社会责任感。数字化教学资源的深度应用进一步拓展载体边界，虚拟仿真平台还原复杂生产场景，学生通过调整参数观察设备运行状态变化，在虚实交互中形成数据思维与系统认知。这种载体创新使知识习得与技术应用实现无缝衔接。

（二）第二课堂载体升级

第二课堂的实践载体正从单一技能训练升级为创新能力熔炉。学生社团以兴趣为纽带，孵化创意项目，如机器人社团通过组队研发激发创新思维；各类培训与考证考级，在夯实专业技能的同时，引导学生突破传统框架思考。自主实践鼓励学生主动探索，学科、技能竞赛与科技创新活动，则以真实问题为导向，促使学生整合知识，在解决问题中实现创新突破。各载体相互协同，形成从知识积累到实践创新的完整链条，全方位培育学生创新能力。

（三）第三课堂载体重构

第三课堂的社会服务载体从浅层参与转向深度价值创造。在"三下乡"活动中，学生不仅进行支教与走访，还结合专业知识，为乡村搭建电商直播平台，帮助农户拓宽农产品销路，激发乡村经济活力；社会实践中，他们深入基层调研，运用数据分析与专业技能，为社区制定适老化改造方案，切实解决社会现实问题。在春运暑运志愿服务中，志愿者们不仅承担引导乘客、维持秩序的基础工作，还通过设计智能排队系统缓解拥堵；医学专业学生在站点设立临时医疗点，提供专业急救服务。这些实践突破了传统志愿服务，学生在锻炼个人能力的同时创造社会价值，实现服务他人与自我成长的双赢。

第二节 模块化培育框架

一、职业精神的培养

职业院校学生职业精神的培育可通过重构课程、再造场景与生态协同，推动职业道德、工匠精神与职业认同感从认知层面向行为层面深度转化，实现复合型人才的培养目标。

（一）融入专业课程，筑牢职业道德根基

在职业道德培养方面，课程是重要载体，需要将职业道德教育与专业课程深度融合。例如，对于铁路专业，教师在课程中讲解不同工种一丝不苟地坚守岗位、保障列车安全运行的事迹，传递铁路人"安全第一、服务至上"的职业道德理念；剖析因信号工疏忽导致信号错误、险些酿成事故的案例，警示学生恪守职业规范的重要性。此外，开设专门的职业道德课程，培养学生的职业道德意识和道德判断能力。

（二）强化实践教学，锤炼工匠精神内核

工匠精神的培育依赖实践教学。例如，在钳工实训环节中，学生通过工艺参数调试、形位公差控制及表面质量优化的系统性实践过程，深刻体

会精益求精的工匠精神。铁路专业学生在列车检修实践中，对每一个螺栓、每一处电路连接都要进行细致检查，不放过任何潜在隐患，培养出一丝不苟的工作态度。同时，邀请行业内的工匠大师走进校园，与学生分享经验，指导实训，让学生近距离感受工匠精神的魅力。

（三）营造文化氛围，提升职业认同感

增强职业认同感需要营造良好的校园文化氛围。例如，铁路高职院校可通过在校园内建设"铁路发展长廊"，举办铁路主题文化节、铁路文化周，组织铁路文化社团，开展职业技能大赛等丰富多彩的形式，促进学生铭记铁路先辈奋斗足迹，激发学生对铁路事业的热爱，将铁路精神内化于心、外化于行，从而增强职业认同感。

二、关键能力的提升

提升职业院校学生关键能力，可通过课程重构、模式创新与资源整合，构建"实践驱动—场景赋能—生态支撑"的全链条培养体系，为技术技能人才适应产业变革与时代发展奠定基础。

（一）构建实践导向课程，提升技术应用能力

在技术应用能力的提升方面，职业院校应构建以实践为导向的课程体系。学校可将企业实际生产中的新技术、新工艺融入课程内容。以城市轨道交通通信信号技术专业为例，引入智能信号控制技术课程，让学生学习轨道交通信号自动控制原理、城轨通信网络优化、列车运行控制系统（Chinese Train Control System，CTCS）仿真调试等前沿技术，并在学校轨道交通综合实训基地，利用真实的轨道交通信号机、联锁设备、通信传输装置等开展实操训练，掌握轨道交通信号设备的安装调试、故障诊断与智

能化运维流程。

(二)推行项目化教学,培养问题解决能力

问题解决能力的培养需要通过项目化教学和实践活动来实现。例如,在动车组检修专业的教学中,教师可设置动车组制动系统故障应急处置项目,让学生面对制动异常、压力不稳等复杂故障现象,运用动车组构造与检修知识,通过查阅技术手册、使用专用检测设备等方式,逐步排查故障点并进行修复,在实践过程中锻炼逻辑推理和故障处理能力。

(三)开展多元合作任务,强化团队协作能力

团队协作能力的强化依赖多样化的教学活动和实践任务。学校可开展小组合作项目,通过明确分工与密切配合,共同完成项目,在合作过程中学会沟通协调、相互配合。团队协作能力的培养需要通过多样化的实践活动来实现。例如,在铁路专业的列车模拟驾驶实训中,学生分别担任驾驶员、乘务员、调度员等角色,在模拟行车过程中,通过团队协作保障列车安全、高效运行。

(四)营造良好学习氛围,培育终身学习能力

培养学生的终身学习能力,职业院校需要营造良好的学习氛围并提供相应引导。在课程中预留20%~30%的自主学习时间,布置探究型作业或开放式课题;建设"学习共享空间",配备智能学习设备、小组研讨区、成果展示墙等;打造主题学习角,以场景化设计激发学习兴趣;邀请企业技术骨干开设"行业前沿大讲堂";设立企业实践奖学金,鼓励学生参与企业技术研发、工艺改进项目,增强职业认同感与学习动力。

三、积极心态的塑造

培养职业院校学生的积极心态,需要从塑造健全人格、明确目标追求、强化心理控制源、促进情绪稳定、培育乐观精神、提升幸福感等多方面协同推进,全方位塑造学生健全人格与良好心理品质。

(一)融入人文教育与多元活动,塑造健全人格

健全人格是指构成人格系统的各个组成部分比例协调、协同作用,个体的内在思想与外在行为具备高度统一性。健全的人格特征主要表现为人际关系和谐、有宁静的心境以及能有效地运用个人的能力,具有健全人格的人应是悦纳自我、独立自主、理性务实且具备高尚道德的人。职业院校应将人格教育融入课程体系与日常管理,从而促进学生健全人格的塑造。高职院校需开设人文素养课程,如哲学、心理学、伦理学、思想教育、文学赏析等,课程教学采用多元化、系统化、生态化的教学模式,运用案例分析、主题讨论等体验式教学形式,引导学生思考人生价值、生命意义、道德准则、社会责任等内容,帮助其树立正确的世界观、人生观和价值观。以文学赏析课为例,通过解读经典文学作品中主人公的成长与抉择,让学生从中汲取力量,学会在困境中坚守自我、积极进取;在心理学课程中,设置"生命与挫折教育""情绪管理"等专题内容,教授应对压力、化解冲突的实用技能,帮助学生建立积极心态。在专业课程教学实践中,教师应充分发挥示范引领作用,通过自身深厚的专业素养、高尚的职业操守及敬业精神,构建"言传"与"身教"相结合的育人模式,以人格魅力感染学生,在知识传授与技能指导过程中实现对学生人格塑造的潜移默化影响。同时,学校可依托多样化的社团活动载体,系统规划志愿者服务、思辨交流、艺术创作等特色社团,构建"第二课堂"育人体系。通过组织学生参与社

团实践，引导其在团队协作与社会服务中深化沟通能力、强化责任意识、培育集体主义精神，最终实现职业素养与健全人格的协同发展。

（二）强化职业生涯规划指导，明确未来发展方向

高职院校应引导学生树立明确的职业目标，从而为他们的学习和生活注入动力。对于许多大学生而言，缺乏明确的职业目标容易导致迷茫和焦虑，他们不知道自己毕业后要做什么，对未来感到困惑，不知道如何选择职业方向。而有了明确的职业目标，学生就有了努力的方向，能够更加从容地面对未来的不确定性。学校可开设职业生涯规划课程，帮助学生了解自己的兴趣、优势和职业方向，制定合理的短期、中期和长期目标，促进学生去做自己喜欢和认为重要的事情，激发内在成长动力，发现自我生命的价值。以铁路专业学生为例，教师可引导学生根据自身情况，将成长为优秀的铁路工程师、列车调度员等作为职业目标，并细化为每个学期的学习目标，如掌握特定的专业知识、考取相关职业资格证书等。同时，学校还需加强对学生时间管理能力的培养，帮助学生了解当前的生活现状，设定可达成的目标，借助时间规划工具更加有序、有效地安排自己的学业和生活，找到目标实现的路径。定期组织目标完成情况的评估和反馈，帮助学生根据实际情况调整目标和计划，确保目标切实可行。此外，邀请优秀校友返校分享成长经历和实践经验，通过朋辈榜样的引领示范，让学生看到目标实现的可能性，激发他们追求目标的热情和动力。

（三）鼓励自主决策与责任担当，强化心理控制源

心理控制源是指个体感觉到什么人或者什么事对生活中事件、行为的结果、健康等是有责任的。心理控制源具有三个维度，即内控性、有势力的他人和机遇。内控性维度代表个体对自己能够控制自身健康结果的信心程度;有势力的他人维度代表个体对他人(朋友、亲戚、家人、教师等,特别是卫生专业人员)控制自身健康结果能力的信任程度;机遇维度代表个体信任非人为因素(如机会、时机、气运等)决定自身健康结果的程度。高职院校应强化学生的内控性,通过鼓励学生自主决策和承担责任,以增强学生对自身生活的掌控感。在班级管理中,倡导学生运用自主管理模式,如让班级成员轮流担任班干部,使同学们都有机会参与到班级事务的管理之中,培养他们的责任感、组织能力和自我管理能力。在实践教学中,给予学生更多的自主权,让他们自主设计实验方案、选择实践项目,在自主探索和实践的过程中,提升解决问题的能力和对自身能力的信心。同时,引导学生在面对问题时采用合理的归因方式,促进他们对自己的行为和选择负责,当其取得成功时,鼓励他们多采用内归因的方式,帮助他们认识到自身努力的作用,增强效能感;当出现问题时,帮助他们客观分析内外部原因,而不是一味归咎于外部环境,从而逐步强化学生的内控倾向,增强心理控制源。

(四)构建心理健康支持体系,实现情绪平稳

高职院校应高度重视心理健康教育工作,为学生提供专业的心理帮助资源,促进学生保持情绪平稳。学校需开设系统的心理健康课程,向学生讲授情绪管理与压力应对的理论与方法,如认知行为疗法、情绪 ABC 理论等,帮助学生提高对情绪的觉察能力,能够认识情绪产生的原因,掌握调节情绪的方法。例如,在课程中设置差异化的情景想象,唤醒学生不同的情绪体验,促进学生情绪觉察力的提升;通过角色扮演的方式,模拟学生对情绪的不同态度,如忽视、否认、纠察等,促进学生对情绪的悦纳水平;通过观看教学视频、头脑风暴、小组分享等形式,引导学生讨论调节情绪

的认知策略和行动策略（如运动、绘画、写日记等）。

同时，建立完善的心理咨询服务体系，配备专业的心理咨询师，为学生提供个体咨询和团体辅导。此外，对于情绪波动较大或处于危机风险的学生，应及时开展危机干预，整合学校、医院和家庭中的相关资源，协同帮助学生解决现实困难，应对应激事件，化解负面情绪。此外，学校还可以开展丰富多彩的心理健康主题活动，如心理健康讲座、情绪管理工作坊、心理情景剧大赛、心理演讲比赛等，营造积极关注心理健康的校园氛围，引导学生重视自身情绪状态，主动学习并运用情绪调节方法。

（五）树立正确挫折观念，培育积极乐观精神

树立正确的挫折观是培育学生积极乐观精神的重要途径。在日常教育中，通过案例分析、主题班会等形式，帮助学生了解挫折是生活的常态，引导他们从积极、建设性的角度看待挫折，将挫折视为成长的机会。例如，通过讲述名人如何在生活中克服重重困难最终取得成功的励志故事，激励学生保持乐观心态，提升面对困难与挑战的勇气。同时，在实践教学和各类竞赛活动中，精心设置一些富有挑战性的任务，让学生在克服困难的过程中锻炼意志，积累成功经验，增强自信心。当学生遭遇失败时，教师应及时给予安慰、鼓励和指导，帮助他们分析原因，总结经验教训，使学生充分认识到失败只是暂时的，只要不放弃，就有成功的可能，从而培养学生积极乐观、永不言弃的精神。

（六）优化校园与家庭环境，提升学生幸福感

营造温暖和谐的校园环境和家庭氛围也是提升学生幸福感的重要途径。学校育人体系应将学生生活质量的提升作为重要考量因素，尽可能满足学生多元化的生活需求，完善校园生活设施，提升住宿、餐饮、休闲等服务功能，营造舒适宜人的校园环境。同时，学校还需构建层次丰富、形式多样的校园文体活动体系，定期组织运动会、文艺晚会、社团风采展示、心理游园会等特色活动，为学生搭建释放压力、展示自我、培养兴趣的平台，助力学生在紧张的学习之余实现身心的全面放松，进而提升幸福感体验。在班级管理中，应加强优良班风、学风建设，鼓励学生共同协作、相互支持，建立良好的朋辈关系，增强班级凝聚力和归属感。同时，加强家校合作，通过"空中家长会"等形式，向家长普及心理健康知识、亲子沟通技能，引导家长关注孩子的心理需求，给予孩子充分的理解、尊重与共情，避免过度施压。倡导家长与学校保持密切沟通，共同为学生创造一个温馨的成长环境，使其在家庭和学校的关爱中不断提升幸福感。

四、健康生活方式的培育

世界卫生组织（World Health Organization，WHO）将健康生活方式定义为"一种减少患严重疾病或过早死亡风险的生活方式"，是一系列健康支持行为的集合，主要包括健康饮食行为、健康责任行为、人际支持行为、运动锻炼行为、压力管理行为、生命欣赏行为等。大学期间是学生行为习惯的重要形塑期，在这一阶段形成健康的生活方式可能使其终身受益。高职院校培育学生健康生活方式需将健康理念融入教育教学全过程，通过培养健康饮食、加强体育锻炼、养成规律作息、营造健康生活氛围等途径，帮助学生建立可持续的身心健康管理能力，为职业发展筑牢生命根基。

（一）优化营养膳食结构，培育科学饮食观念

合理膳食是健康生活的基石。高职院校可邀请专业营养师面向学生开设营养健康课程，系统讲授食物营养相关知识，如各类营养素的功能、食

物的营养成分、日常生活中的膳食营养搭配等，引导学生认识到均衡饮食的重要性。学校在后勤保障管理方面，应要求校园食堂丰富菜品的多样性，提供富含优质蛋白的禽肉、鱼虾、豆类等，搭配品种丰富的新鲜蔬菜和水果，确保每餐菜品营养均衡；同时，在校园食堂窗口醒目的位置设置食物营养成分标识，方便学生按需选择。学校还可举办"校园美食节""营养健康知识竞赛"等活动，鼓励学生参与健康菜品设计，亲身体验食材搭配与烹饪过程，激发学生对健康饮食的兴趣，将科学饮食观念内化为日常饮食习惯。

（二）丰富体育活动形式，激发学生运动热情

运动对于学生的身心健康至关重要。既往研究表明，适度运动能够有效改善学生的焦虑、抑郁情绪水平。高职院校应优化体育课程设置，丰富课程类别，除传统体育项目外，增设如瑜伽、普拉提、户外拓展等趣味性强的课程，满足不同学生的兴趣需求。设立体育社团，如骑行社团、健身社团等，鼓励学生在课余时间自主开展体育活动；同时，定期举办篮球赛、足球赛、田径运动会等各类体育赛事，以班级、专业为单位组织学生参赛，营造浓厚的运动氛围。此外，利用校园智能设备，如运动手环监测系统，记录学生日常运动数据，为学生制定个性化运动方案，激励学生养成长期运动习惯，增强身体素质。

（三）强化作息时间管理，养成规律作息习惯

规律作息是保证学生学习与生活质量的关键。学校要明确并严格执行作息时间表，合理安排上课、自习、休息时间，确保学生每天有充足的睡眠时间。通过主题班会、校园广播等形式，向学生普及充足睡眠的重要性，宣传作息规律对身体机能调节、学习效率提升的积极作用，让学生认识到

熬夜、作息紊乱对身心健康的严重损害。同时，教师要以身作则，引导学生按时就寝、起床，对于作息不规律的学生，辅导员应及时沟通，了解原因并给予帮助，协助学生建立良好的生物钟，以饱满的精神状态投入学习与生活。

（四）加强校园环境建设，营造健康生活氛围

优美、舒适的校园环境能潜移默化地影响学生的生活方式。学校要加强校园绿化，打造绿色、宜人的校园景观，为学生提供休闲放松的空间；完善校园基础设施，如保证校园内有充足数量的户外椅凳、建设整洁卫生的公共卫生间、提供舒适的休息区等。同时，利用校园宣传栏、电子屏等宣传阵地，展示健康生活方式相关知识与案例，营造浓厚的健康文化氛围。此外，制定校园文明行为规范，倡导文明用餐、爱护环境、健康社交等行为，引导学生在良好校园环境中养成健康生活习惯。

第三节 差异化路径选择

一、情境驱动型路径

以情境驱动培育学生核心素养，聚焦以真实项目任务为依托，深度剖析产业实际需求，将其转化为教学实践场景。职业价值理念贯穿其中，使学生在应对复杂任务时，既能增强技术应用能力，又能培养创新思维，同时强化社会责任感。学生在高度还原的职业情境中实践探索，在做中学、学中创、创中悟，构建素养培育的良性循环。学生不断提升综合职业素养，实现理论知识与职业技能的有机融合，以此更好地适应未来职业发展需求。

（一）紧扣行业需求，设计真实项目任务体系

在项目任务设计上，需紧密结合行业需求与专业特点，构建多层次、递进式的真实项目体系。例如，电商专业可与电商企业合作打造实战营销项目，学生以团队形式运营真实的电商店铺或策划线上促销活动。从市场调研分析目标消费群体需求，到商品选品上架、店铺页面设计、营销文案撰写，再通过直播带货、社交媒体推广、数据分析优化等环节，全流程参与电商营销活动，借助平台真实数据反馈调整运营策略，提升电商实战能力。这些真实项目涵盖专业核心知识与技能，能够全面锻炼学生的实践能力。

（二）转变教师角色，引导项目实施全过程

在项目实施过程中，教师要实现从知识传授者向引导者和指导者的转变。以动车组检修专业的动车组故障模拟检修项目为例，教师先介绍项目背景和要求，提供相应的资料和文件。学生自主组建团队，明确成员分工，进行模拟检修。面对学生出现的各种情况，教师引导学生依据所学知识，从问题出发，运用科学方法逐步排查可能的故障点，并分析问题产生的原因，有针对性地解决问题。在这个过程中，学生不仅夯实了关于动车的相关理论知识，提升了动车组机械部件检修的专业技能，还在团队协作中学会沟通协调，在解决问题中锻炼了逻辑思维和创新能力。

（三）构建多元评价，全面衡量项目实践成效

为保障情境驱动型项目的深度落地，探索"过程性评价＋结果性评价＋增值性评价"并行的动态化、立体化综合评价体系尤为重要。过程性评价和结果性评价聚焦学生专业知识的掌握情况，增值性评价动态监测学生的成长变化，深度考量学生在项目实践中的隐性成长。同时形成"教师评

+企业导师评+学生互评"的"三维立体"评价体系，综合考量学生的成长。

（四）深化校企合作，拓展项目资源供给渠道

为深化产教融合，学校要与企业开展紧密合作，构建校企协同育人新生态。一方面，学校可以与企业建立长期战略合作，共同打造学生培育平台，为学生提供持续参与真实项目的实践机会。另一方面，邀请企业技术骨干深度参与项目课程设计、教学实施与成果评价，确保教学内容紧密贴合企业实际需求与行业前沿趋势。

二、协同育人型路径

职业院校学生核心素养培育的协同育人路径，其本质是通过校企深度融合实现教育生态的整合与重组。通过将真实产业场景深度融入教学过程，推动学生在技术技能应用、职业素养塑造、创新思维培养等核心素养方面实现系统化、一体化发展。

（一）产业学院共建

建立以产业链需求为导向的教学体系，学校将企业技术发展规划与人才培养标准深度绑定，确保课程内容每学期实现三分之一左右的迭代更新；整合资源，将企业实体生产系统引入校园，形成可用于课堂分析与案例研讨的真实数据资源；联合行业领军企业开设定向培养项目，课程设置紧密对接智能工厂建设需求，构建"入学即入企、毕业即晋升"的成长通道，使学生职业发展轨迹与企业技术升级周期实现动态匹配。

（二）现代学徒制深化

以企业生产现场为核心教学场景，实现产教深度融合。师资协同上，

建立企业技术专家与院校教师联合开发动态教材机制，促进实践与知识转化。采用弹性学制，先夯实专业基础，再分阶段开展企业认知实践与岗位轮训。构建技能认证贯通体系，推行"学徒能力护照"，记录参与的实际生产项目、获得的企业内部资质认证，经行业协会审核后对接国家职业技能等级认定，确保教育与产业标准等效。

（三）素养生成机制

构建多维度实践载体，系统性提升学生职业素养。设立技能大师领衔的手工工坊，指导学生进行高精度部件研磨，将技艺锤炼升华为职业信仰。创新能力培养方面，联合行业企业打造技术攻关擂台。学生与企业工程师协同研发方案用于产品升级，核心成员还能享有技术成果转化权益。在社会责任感培育中，依托实际项目，学生共同解决问题，实现专业技术与社会服务意识的共同提升。

（四）质量保障体系

为提升人才培养与产业需求契合度，需构建动态化、数据化、国际化的质量保障体系。组建由企业技术骨干、教育专家及行业权威构成的动态标准制定团队，按季度依据技术发展更新岗位能力模型，开发数据监测系统，实时采集学生在真实生产场景中的焊接合格率、工艺优化提案数等关键数据，经算法分析形成个人能力曲线，辅助精准教学。

第四章　课程与教学改革的核心作用

第一节　课程体系重构

一、模块化课程设计

高职院校构建"三阶融合"模块化课程体系，需以职业能力成长为逻辑主线，通过"基础素养筑基—专业素养深化—实践素养升华"的进阶式课程设计，打破学科知识壁垒，实现知识传授、技能培养与价值塑造的深度融合。

（一）基础素养模块

高职院校可通过多维融合设计强化学生跨领域适应力。在职业认知维度，将行业前沿动态解析与职业倾向测评相结合，组织学生实地考察真实就业环境，助力学生构建清晰明确的职业规划。人文素养培育聚焦技术伦理，以大数据隐私保护、绿色生产责任等现实议题为切入点，引导学生在信息保密、工程安全规范等专业实践场景中处理道德困境,厚植职业良知。数字工具应用贯穿跨专业实践,如借助 AI 图像修复算法处理破损文物照片,引导学生深化对文化遗产保护的科学认知与创新思维,深刻体会文化遗产保护的社会价值,实现技术能力与人文关怀的深度融合。

(二)专业素养模块

专业素养培育可通过结构化设计实现技术精进与跨界能力融合。围绕产业链核心环节构建技术能力集群,如在动车驾驶领域聚焦列车操控、牵引传动与制动系统,设置涵盖理论解析、虚拟仿真与实装调试的递进式训练模块——学生需在列车制动性能仿真项目中同步完成动力学计算、专业仿真软件应用及行车安全规程实践,形成多维度技术集成能力。动态更新机制确保教学内容与产业技术同步,每学期淘汰传统技能单元,新增智能驾驶辅助系统编程、AI 故障诊断算法优化等前沿项目。创新思维培养渗透至各教学环节,要求学生在完成标准驾驶任务后提出技术改良方案,教师根据方案创新性给予专项激励,推动技术应用从复制执行向创造性突破升级。

(三)实践素养模块

实践素养培育通过阶梯式项目体系实现能力跃升。在电商专业领域,该体系可从基础、进阶、升华三个层面展开,逐步提升学生的专业实践能力与社会责任意识。基础层构建微型生产场景,学生在校园电商平台实操商品上架、推广,通过追踪转化率、投诉率等核心数据,掌握平台基础操作与客户服务技巧;同时模拟仓储物流场景,解决分拣、盘点等典型问题,熟悉后端运营流程。进阶层对接企业真实技术需求,组织团队攻克产业痛点。学生可组建包含电商运营、数据分析、计算机技术等专业的团队,开发智能直播带货辅助系统，解决直播带货、用户精准营销等方面存在的诸多技术需求，提升跨学科协作能力与解决实际问题的能力。

升华层聚焦社会责任，学生搭建农村电商帮扶系统，从平台搭建到农户培训全流程服务，以农产品销售额增长为目标赋能乡村振兴；开发无障碍电商平台，优化设计并开展特殊群体使用培训，彰显行业人文关怀，推动社会包容性发展。

二、项目式教学与案例教学

高职院校以"三步递进式"课堂革命为核心引擎，创新构建契合职业教育特性的人才培养模式。该模式以真实职业场景为基底，对传统课程形态进行系统性重构，打造"基础能力标准化—复杂问题实战化—创新价值社会化"的递进式教学链。

（一）基础层

在产教融合的创新实践中，高职院校以职业场景重构教学体系，构建起系统化核心素养培育路径。在设备场景化改造方面，铁路机车专业引入退役动车组转向架打造全真实训场景，将检修流程拆解为轮对探伤、轴承压装等标准化模块，明确要求控制误差，同步考核扭矩扳手使用精度与工具定置管理规范。在典型闭环场景中，铁路机车专业学生参与轮对擦伤 AI 识别系统调试，实现与车辆健康管理平台的数据对接，有效整合机械拆装、计算机视觉与数据交互等多元能力，推动标准化技能训练与技术创新的有机融合。这种创新教学模式让学生在高铁轮对精密安装中感悟工匠精神，实现专业技能提升与职业价值观塑造的同频共振。

（二）进阶层

在职业教育产教融合的浪潮中，高职院校以项目化教学体系为纽带，精准对接产业发展需求，通过实践项目驱动与系统化思维培养复合型技术技能人才。在铁路、护理、计算机等重点领域，跨学科实践项目成为学生能力提升的"练兵场"。以铁路领域为例，校企协同发布"动车组空调系统故障预测模型开发"课题，构建多专业协同创新的实践场景。

（三）升华层

高职院校可以通过一系列实用的实践项目，帮助学生把学到的技能转化为真正有价值的社会实践，实现从技术能手到社会建设者的成长跨越。在技术公益方面，计算机专业的学生能够实实在在地解决社会问题。例如，为偏远山区的火车站开发"智能票务助老系统"，学生可以开发能听懂方言的语音交互软件，帮助更多老年人便捷购票，真正把技术送到有需要的人手里。通过这些实实在在的项目，学生在开发高铁票务系统时，既关注技术准确性，也考虑对社会的帮助作用。通过实践锤炼，学生从只会操作技能的学生成长为有责任、有担当的专业人才。

第二节 产教深度融合

一、校企联合开发活页教材和微课程资源

校企联合开发活页教材与微课程资源，已成为高职院校推进产教深度融合的关键路径。通过深度整合企业实践经验与学校教学体系，可使教学内容精准对接产业实际需求，有效提升人才培养质量。

在活页教材开发领域，需严格遵循"需求导向、动态更新"的原则。校企双方应组建跨领域开发团队，依据企业最新技术发展，结合教学大纲与学生认知规律，对素材进行系统化筛选与重构。微课程资源的联合开发是职业教育深化产教融合的重要实践路径，依托校企深度协作构建产教协同育人新生态，实现资源共建、成果共享。选题阶段，校企以"专业核心技能"与"企业岗位需求"精准对接为导向；开发实施中，企业提供真实工作场景、案例素材与专业指导，学校教师负责教学设计、脚本撰写与录制。同时，校企共建线上学习平台，整合资源库、学习系统与答疑模块，实现资源共享与实时答疑，满足学生自主学习需求，推动职业教育数字化转型。

二、职业标准与教学标准的动态对接

实现职业标准与教学标准的动态对接是高职院校深化产教融合的核心任务，能有效推动人才培养与行业需求的精准适配。高职院校需组建由专业教师、行业资深专家及企业技术骨干构成的复合型调研团队，通过定期走访行业企业、行业协会，综合运用问卷调查、深度访谈、专题座谈等多元化调研手段，全面捕捉行业发展动态、企业岗位变化及职业能力要求。

学校与企业联合组建标准制定小组，基于调研结果，系统梳理职业标准并转化为教学标准。在人才培养目标设定上，精准对标职业标准中的岗位能力要求。课程设置环节，依据职业标准对知识技能的要求，动态调整课程体系。教学内容革新中，深度融入职业标准的操作规范与技术要求，使教学内容紧密贴合职业实践，确保学生所学知识技能与岗位需求无缝对接，全面提升人才培养质量与职业适配度。

第三节 "三教"改革实践

一、双师型教师团队建设

在职业教育深化产教融合的时代背景下,"双师型"教师团队已成为高职院校突破人才培养瓶颈、构建特色化教育生态的核心引擎。这类教师不仅是专业理论知识的传授者,更是行业实践经验的传承者,其教学能力直接关系到职业教育与产业需求的契合度。

(一)拓宽引才渠道,构建多元师资结构

"双师型"教师团队是高职院校深化产教融合、提升人才培养质量的核心要素。高职院校需构建多元化渠道,吸纳企业优质人才充实师资力量。专职教师引进上,应聚焦行业企业,精准招聘具备丰富实践经验与精湛专业技能的技术骨干、能工巧匠。同时,积极聘请企业技术专家、行业领军人物担任兼职教师,建立动态化兼职教师资源库,定期邀请他们开展授课、讲座及实训指导。

(二)强化培养培训,提升教师双师素质

培养培训是淬炼教师"双师"素养的核心路径。学校需构建系统化培养体系,通过校企联动、内外结合的多元模式,全面提升教师专业能力。一方面,建立常态化企业实践机制,要求专业教师开展实践锻炼,深度参与产品研发、生产管理、技术改造等核心业务。另一方面,强化校内实训赋能,依托专业技能竞赛、教学能力大赛等平台,推动"以赛促教、以赛促学",倒逼教师提升实践教学水平。

（三）健全制度保障，激发团队建设活力

完善的制度保障是"双师型"教师团队建设的核心支撑，需从评价、激励、实践、合作四维度构建制度框架：创新评价体系，建立"实践导向"的多元评价标准，将企业实践经历、技术服务成果、技能竞赛指导成绩纳入考核，强化评价引导作用。健全激励机制，设立专项奖励基金，对教学改革、产教融合、技术研发等领域表现突出的教师给予荣誉表彰、资金扶持与项目支持，树立典型标杆，激发教师提升"双师"能力的内生动力。规范实践管理，明确教师企业实践的技术掌握、经验积累、需求调研等目标，以时长、成果、企业评价多维考核，将实践成效与职称晋升、岗位聘任挂钩，保障实践质量，切实提升教师专业技能与教学能力。

二、数字化教学资源库与虚拟仿真技术的应用

高职院校数字化教学资源库与虚拟仿真技术的深度融合，是驱动职业教育教学模式创新变革、赋能人才培养质量提升的关键引擎。二者协同重塑课堂形态，助力职业教育向数字化、智能化教学范式转型升级，有效满足新时代高素质技术技能人才培养需求。

（一）构建多维体系，夯实数字化教学资源库建设

高职院校数字化教学资源库建设需构建多维度立体化资源体系，推动职业教育教学模式变革。其一，夯实专业课程资源基底，将教学课件、微课视频、电子教材、智能习题库等基础资源进行数字化处理后分类建库。其二，动态嵌入行业前沿资源，与头部企业、行业协会共建资源共建共享机制。其三，构建智能化学情响应体系，依托学习行为大数据分析，为学生精准推送薄弱知识点强化包、跨专业拓展资源包等个性化学习套餐。其

四，建立全周期资源迭代机制，组建校企双元审核团队，按季度对资源库进行动态更新，确保行业新技术、新规范、新案例的实时注入，形成良性循环。

（二）突破实践瓶颈，深化虚拟仿真技术教学应用

在教育教学领域，虚拟仿真技术正凭借独特优势，有效破解传统教学中实践环节的诸多瓶颈。在实验实训教学场景中，该技术可精准模拟高成本、高风险或不可及的实验环境，为学生提供了安全无虞的实践空间，又大幅降低了教学成本，更让学生在沉浸式体验中提升实践操作能力。在技能培训领域，虚拟仿真技术构建的逼真操作环境成为重要助力。

（三）促进协同发展，发挥资源与技术融合优势

数字化教学资源库与虚拟仿真技术的深度协同，正为教育领域带来一场突破性的变革，从根本上重塑教学模式，显著提升教学实效。通过将资源库内的教学视频、案例、规范文档等优质资源有机嵌入虚拟仿真系统，可构建起立体化的学习支持体系，实现理论知识与实践操作的无缝对接。虚拟仿真技术在教学过程中实时生成的操作数据与学习记录，构成了教学资源优化的重要依据。教师团队可依据这些多维度数据，精准定位学生在知识掌握与技能训练中的薄弱环节，进而对教学资源进行动态优化。

第五章 评价机制与质量保障体系建设

第一节 核心素养评价体系的构建

一、核心素养评价面临的困境

首先,核心素养的评价是一项较为复杂的工程,因为核心素养具有内隐性、多面性、情境性和实践性等特点。例如,责任感、家国情怀等内隐性内容难以通过量化的方式加以测评,容易在评价过程中被忽视;而核心素养所涵盖的三个领域、六大素养、十八个要点,因涉及内容多、覆盖面较广,且其情境性和实践性都会因时因地而有所不同,这些因素都会增加评价的难度,进而影响评价结果的客观性和全面性。其次,专业化的评价队伍尚未建立,真正有经验的一线教师参与评价研究方面的力度不足。再次,我国核心素养的评价技术尚不成熟,这与我国教育评价在理论研究和技术开发方面整体水平相对较低有关。最后,高职院校在学生评价工作方面缺乏顶层设计,仍可能沿用传统的教育评价方式,过于注重分数、升学和文凭等因素，忽视学生自身特点，脱离了学生的成长发展需求，尚未建立起内容、标准和模式相统一的核心素养评价体系。

二、核心素养评价体系构建的原则

原则一：坚持德技并重。高职院校应将学生品德培养和技能培养置于同等地位，并基于"德技并重"的育人理念构建育人体系。评价指标应紧密围绕学生知识掌握程度、技能提升情况和社会价值实现情况等方面进行量化评分，以实现培养德才兼备、技术过硬的专业人才的目标。

原则二：打造"三个课堂"。学生通过"第一课堂"学习专业知识和技能；通过"第二课堂"消化知识、培养兴趣、拓展素质；通过"第三课堂"在社会实践活动中锻炼成长。三个课堂功能和形式虽不同，但三个课堂需要协同发展、相互补充，助力学生全面发展。

原则三：引导培养与考核激励相结合。高职院校应致力于培养真正符合社会需求的专业人才，因此，学生的评价体系和培养方案均需以社会需求为导向，不断完善和优化考核激励机制。高职院校应引导学生重视核心素养的培养，定期检验专业人才核心素养的培育质量，及时结合发现的问题优化人才培养方案。

三、核心素养评价体系设计框架

高职院校应以学生核心素养发展为本，改变以往单一以考试成绩为侧重点的评价方式，还需从学习能力、方法和思维等方面进行重点评价，同时兼顾学生团队合作、解决问题、创新创业等综合能力的评价。要坚持核心素养本位的评价框架，因为核心素养是学生利用专业知识解决问题的综合品质，所以评价过程应高度重视评价背后的学习理论支撑。要以学生学业质量为标准，在全面考量人才培养相关方案的基础上，科学构建一套基于核心素养培育的学业质量标准体系。该体系将精准锚定育人目标，清晰界定育人任务，并针对不同学习阶段，精准提炼出相应的核心素养要求以及鲜明的表现特征。应采用多元化的评价方式，如考试考核、交流访谈、量化评分、问卷测评、行为观察、情景测试等，重视自我评价和社会实践，提供多样化的表现数据和材料。应将日常评价与终结性评价相结合，涵盖学生日常、期末、结业评价，兼顾过程与结果。构建"评价—反馈—整改—提升"线路图，及时发现并解决问题，固化评价标准，保障评价的稳定性和权威性。

四、核心素养评价体系的实施路径

评价体系的实施路径包括多个方面。为有效开展评价工作，需组建专门的评价组织机构。成立学生核心素养评价工作领导小组，由学校党政负责人牵头，各职能部门和单位人员参与。评价工作办公室负责信息收集、赋分、结果反馈与整理归档等具体事务。同时，建设评价管理云平台，开发适用于院校、师生、企业及家长的评价系统，支持PC端与移动端同步使用。融合多系统数据信息，设置智能化评价体系，定期开展数据分析，及时反馈评价结果，生成分析报告并提出培养建议。需精心构建评价反馈机制，明确责任主体。确立教学学院院长为第一责任人，全面统筹与把控评价反馈工作的整体方向与全局态势；专业学科带头人作为具体负责人，专注于专业领域内评价反馈工作的精准落实与高效推进。建立多方参与的"评价—诊断—反馈"机制，定期对评价指标体系进行诊断评估，及时修订调整，将评价结果与学生共享，实现预警与激励相结合。要健全评价工作机制，制定和完善评价实施办法、计分标准、评价表等相关规章制度，确保评价工作有序开展。完善评价反馈机制，通过评价报告精准呈现、预警通知单及时警示、学生成长档案动态记录等方式反馈结果。建立奖惩机制，激发各方参与评价工作的积极性和主动性。

第二节 多元化评价体系

一、过程性评价与结果性评价相结合

过程性评价与结果性评价的指标各有侧重，具体评价内容需结合企业实习、创新创业、技能大赛等不同领域的特点进行明确界定。例如，在企业实习方面，过程性评价关注学生实习期间的出勤情况、工作态度、问题解决能力等，而结果性评价则包括企业导师的综合评价、实习任务完成度及实习成果报告的质量。在创新创业成果方面，过程性评价主要考量项目策划阶段的市场调研深度、团队分工合理性、创意迭代过程等，而结果性评价则依据项目落地成果、经济效益、社会影响力等方面进行评估。在技能大赛中，过程性评价关注学生备赛阶段的学习认真程度、训练投入程度、团队协作情况等多方面表现，而结果性评价则更加注重赛事成绩、参赛作品的质量与技术改革与研发创新点等方面的综合评价。

在优化评价方式上，应采用多元主体与多种方法相结合的模式。为确保评价的专业性与客观性，高职院校可以邀请行业专家、企业导师、学校教师共同参与评价过程。例如，在企业实习表现评价中，可以通过建立实习管理平台，利用实时记录学生工作轨迹、收集企业导师周评价等方式实现过程性评价，而结果性评价则在实习结束后由企业导师与学校教师共同评定。在创新创业成果评价中，过程性评价可通过定期的项目进展汇报、

团队成员互评等方式实现,而结果性评价则通过项目路演、专家答辩验收等方式完成。在技能大赛评价中,过程性评价可以通过记录学生训练日志、开展阶段性汇报展示等方式进行,结果性评价则可以参考评委评分的结果。此外,高职院校还可以采用信息化手段,建设综合评价系统,将学生在创新创业、企业实习、技能大赛等环节的各项数据进行整合,生成可视化的综合评价报告,既便于学生了解自身发展情况,也为教师开展学生综合评价、调整教学策略提供参考依据。

为确保过程性评价与结果性评价结合的有效性,需构建完善的质量保障体系。建立评价标准动态更新机制,根据行业发展和技术革新及时调整创新创业成果认定标准、企业实习考核要求、技能大赛评价指标。例如,随着智能制造技术的发展,可更新机械技能大赛的评分细则,增加对智能化加工技术的评价权重。加强评价过程管理,制定规范的评价流程,明确各评价环节的时间节点、责任主体与操作规范,防止评价流于形式。设立申诉与反馈渠道,若学生对评价结果存在异议,可通过正规流程提出申诉,学校组织专人复核;同时定期收集学生、教师、企业对评价机制的反馈意见,不断优化评价方案。此外,将评价结果与学生的奖学金评定、升学推荐、就业推荐挂钩,并与教师的绩效考核、职称评审关联,充分发挥评价的激励导向作用,推动高职院校人才培养质量持续提升。

二、第三方评价引入

引入第三方评价是适应职业教育发展与市场需求的必然选择。为行业企业输送适配人才是职业教育的核心目标,而传统院校内部评价机制存在诸如视角局限、标准滞后等现实问题,导致培养的学生难以与市场需求精准对接。第三方评价机构具有专业性和独立性特点,能够有效弥补这一缺陷。例如，第三方机构通过企业满意度调查，了解企业对高职院校毕业生职业素养和技能水平的认可程度，该调查结果有助于学校掌握人才培养与企业需求之间的差距，从而推动学校及时调整人才培养方案，优化专业设置和教学内容，更加有针对性地培养企业所需人才。

职业院校依托第三方评价开展企业满意度调查，可以考虑从多个维度展开。一是根据不同的企业类型设计具有针对性和匹配度的调查指标，如服务业企业可能更关注学生的沟通能力、服务意识等，而制造业企业可能更看重学生的技能水平、设备的检修维护能力等。二是通过线上问卷、实地访谈、座谈会等形式建立常态化的调查机制，重点了解合作企业对毕业生在知识储备、专业技能、实操能力及职业操守等方面的评价。这些数据能够为学校改进教学提供有价值的参考依据。

为保障第三方评价的顺利运行，需建立健全配套的保障体系。首先，应加强数据的管理与分析，建立第三方评价数据库，运用大数据分析技术对企业满意度调查数据进行系统整理与深度挖掘，发现人才培养过程中的基本规律、共性问题和潜在趋势，为高职院校科学决策提供参考依据。其次，应强化对结果的应用，通过"以评促建、以评促改"的方式，将第三方评价结果与高职院校的资源配置、专业动态调整、教师绩效考核挂钩，进一步提升学校教育教学质量与人才培养水平。此外，还需重视完善制度建设，制定第三方评价的相关管理办法，明确第三方评价机构的准入标准、评价流程及各方权责等，确保评价工作规范化、制度化。

第六章 实践探索案例

第一节 理论教学

一、多维互动：沉浸式教学

传统课堂中"教师讲、学生听"的模式存在诸多弊端，如难以激发学生的学习兴趣，进而实现深层认知与价值认同。多维互动的沉浸式教学以学生为中心，通过师生、生生及人机等多维度互动，在情境创设与协作探究中构建真实学习场景，深度调动感官与思维，增强知识理解与记忆，激发学生主动探索，提升学习兴趣与参与度，推动知识向素养转化，同时培养沟通协作能力，打破传统单向灌输的局限，促进学生全面发展与核心素养提升。

（一）高校思政课发挥其培育大学生"核心素养"与"关键能力"的现实境遇

思政课是落实立德树人的关键课程，要将"核心素养"和"关键能力"充分融入教学过程中，切实培育大学生的"核心素养"与"关键能力"。因此，在思政课教学过程的各个环节中，应贯穿"核心素养"与"关键能力"的培养。例如，课前分享环节要求学生围绕社会热点展开自主调研与表达分享，既引导学生关心时事，锻炼信息整合能力，又培养思考能力和批判性思维；真理总是越辩越明，课中设置辩论环节，学生在活动前充分搜集资料与观点交锋中，逐步形成辩证看待问题的价值观。课中案例研讨则通过真实案例设置情景体验，引导学生用辩证思维理解复杂问题的多面性；课后设置拓展任务，学生在"做中学""做中悟"，做到知情意行相统一。总之，这种环环相扣的互动模式不仅打破学科壁垒，更通过思维碰撞促使学生将抽象概念转化为内在认知，实现知行合一，为核心素养的内生提供土壤。

武汉铁路职业技术学院还积极探索思政课实践育人新路径，携手红色革命纪念馆、烈士陵园等共建爱国主义教育基地，通过实地研学、情景感悟、志愿讲解等活动，厚植学生家国情怀；建设"大思政课"虚拟仿真实训基地，搭建长征精神、铁路精神等沉浸式实训场景，让学生在虚拟环境中掌握理论，实现专业技能培养与核心素养培育的有机统一。

教学设计案例：《青衿之志 履践致远——补好精神的"钙"》，见表6.1。

表 6.1　思政课教学设计案例

一、课前探学		
教师活动	学生活动	设计意图
通过职教云发布任务： 1. 完成课前测试 2. 各小组自制反映乡村新风貌的视频，并在微博上带话题标签"思政课家乡新貌"发布展示作品	查看职教云任务： 1. 完成课前测试 2. 完成课前投票："大学毕业后留在城市还是回乡村" 3. 各小组自制反映乡村新风貌的视频，并在微博上带话题标签"思政课家乡新貌"发布展示作品	通过课前测试和投票讨论，初步了解学生对理想信念的认知情况以及现阶段的迷茫与困惑

二、课中践学			
教学内容	教师活动	学生活动	设计意图
（一）何为理想信念？	1. 引导学生搜集乡村振兴人物故事 2. 在职教云用"摇一摇"选出两个小组讲述所搜集的乡村振兴人物故事 3. 在职教云平台发布头脑风暴：搜集的乡村振兴人物，他们身上有哪些共同特征？ 4. 请每一位学生参与讨论后，教师对理想信念的内涵进行总结归纳	1. 完成收集乡村振兴任务故事 2. 被"摇"出的两个小组代表分享搜集的乡村振兴人物故事 3. 学生参加头脑风暴，在教师引导下对理想信念的内涵进行思考、自主探究	用"摇一摇""头脑风暴"的方式，激发学生兴趣。通过学生的主动探索，引导学生建立对基本概念的理解和掌握
（二）为什么需要坚定理想信念？ 1. 理想信念昭示奋斗目标，理想信念催生前进动力	1. 展示网络文字素材和相关"躺平"漫画图片 2. 发布投票："躺平"在年轻人的社交网络上成为一个热词，能否把"躺平"作为生活方式和人生理想来选择呢？ 3. 依据投票结果组织辩论赛 4. 教师进行点评总结：理想信念昭示奋斗目标，理想信念催生前进动力	1. 浏览网络中关于"躺平"的文字素材和相关"躺平"漫画图片 2. 参与投票 3. 参与关于"躺平"的主题辩论：学生分成"正"方和"反"方进行（非正式）辩论、"点评团"学生进行点评	1. 采用辩论赛、学生点评的方式，引出学生对社会热点问题的看法，增强学生的课堂参与度 2. 以问题为导向，对学生的各种观点进行分析，从而增进学生对理想信念重要性的认识

续表

二、课中践学			
教学内容	教师活动	学生活动	设计意图
2.理想信念提供精神支柱	开展"一站到底——优秀人物知多少"小组PK赛 1.各小组限时列举优秀人物，超时未答小组出局 2.教师总结：理想信念提供精神支柱	参与"一站到底——优秀人物知多少"小组PK赛 1.由各小组依次限时说出自己熟知的优秀人物，如感动中国人物、"乡村振兴青年先锋"标兵、时代楷模等，并简要叙述其事迹 2.列举人物事迹最多的小组获胜，获胜小组成员可参与抽奖	通过"一站到底——优秀人物知多少"的活动，用学生喜闻乐见的方式，使学生主动走进优秀人物，进一步引导学生认识理想信念的重要性，同时活动亦可培养学生的团队合作能力，增强集体荣誉感
3.理想信念提高精神境界	1.播放纪录片《零容忍》片段 2.教师总结：只有铸牢理想信念之魂，才能面对各种挑战、抵御各种诱惑，使人的精神世界从狭隘走向高远、从空虚走向充实；理想信念提高精神境界	1.观看纪录片《零容忍》片段 2.在教师引导下深度思考，自主探究，明确方向	用典型案例引发学生深度思考，让学生梳理总结为什么需要确立科学的人生理想
（三）如何在实现中国梦的实践中放飞青春梦想？ 1.科学把握理想与现实的辩证统一	1.教师组织讨论：是否有了理想，就不再考虑现实问题？或者一头扎进现实，而不再需要理想？ 2.教师点评总结：要辩证看待理想与现实的矛盾，科学把握理想与现实的辩证统一	参与讨论，自主探究理想与现实的辩证关系	教师结合不同的人对理想与现实的看法，引发学生思考应如何面对理想与现实的矛盾和冲突，如何才能搭起通往理想彼岸的桥梁

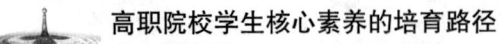

续表

二、课中践学			
教学内容	教师活动	学生活动	设计意图
2.坚持个人理想与社会理想的有机结合	1.教师引导学生辨明观点——"我只关心个人理想，不要社会理想行不行"，思考"个人理想与社会理想有怎样的关系"。通过案例"国家命运和个人命运，到底有着怎样的关联？"引导学生明确个人命运与国家命运休戚相关，把个人理想与祖国完全分开，"只关心个人理想，不要社会理想"是难以做到的 2.打开微博，输入话题"思政课家乡新貌"，查看各小组投稿的自制视频的浏览量和点赞量，选取并播放其中点赞量最多的视频 3.教师总结：新时代中国青年生逢中华民族发展的最好时期，只有把个人的理想追求融入国家和民族的事业中，才能不负韶华，不负时代	1.思考个人理想与社会理想的关系，在教师引导下明确两者的关系 2.观看课前已经制作的带话题"思政课家乡新貌"，点赞量最多的视频 3.分享观后感后，在教师引导下感悟个人理想与社会理想的辩证关系	1.以通过观看课前自制视频的方式，承上启下，并最大限度地展示和用好学生作品 2.通过引导、讨论、讲解，让学生看到新时代广大农村地区是大有可为、大有作为的，要坚持个人理想与社会理想的有机结合
3.为实现中国梦注入青春能量	1.展示课前"大学毕业后留在城市还是回乡村"的投票结果及城乡之间在人均收入、就业等方面还存在的差距 2.展示农村空巢老人和留守儿童数据，结合十八洞村案例，总结当代青年要心怀"国之大者"，敢于担当 3.展示电商人才需求数据及中央对乡村人才振兴的部署，结合"黄文秀"事例，引导学生认识到要自觉躬身实践，知行合一 4.新时代的中国青年成长为有理想、敢担当、能吃苦、肯奋斗的新时代好青年，助力乡村振兴，在实现中国梦的实践中放飞青春梦想	1.了解课前投票的整体情况以及城乡之间的差异，认识到在乡村振兴背景下的"社会之需" 2.了解乡村存在的痛点问题，通过十八洞村案例认识到电商人才在解决"乡村之困"问题上的重要作用，增强担当意识 3.了解电商人才需求数据，增进专业认同，结合黄文秀事例，感悟在实现乡村振兴中树立梦想，自觉践行梦想的重要意义	层层梳理，情理结合，从社会之需、乡村之困、青年之责三个方面引导学生将个人命运与国家和人民的命运联系在一起，立鸿鹄志，做奋斗者；心怀"国之大者"，敢于担当；自觉躬身实践，知行合一

续表

二、课中践学			
教学内容	教师活动	学生活动	设计意图
总结	1. 发布"思维导图"任务 2. 发布测试，查看成绩	1. 绘制思维导图回顾整堂课，总结课堂知识 2. 完成测试	1. 利用思维导图，巩固教学效果 2. 发布测试了解学生掌握情况

三、课后拓学		
教师活动	学生活动	教学与信息化设计意图
发布小组作业，结合自身专业为家乡设计一份文创宣传案或打造一份文创产品	完成为家乡设计一份文创宣传案或打造一份文创产品	巩固所学理论知识，持续推进素质评价

（二）创新驱动，做好思政课程与课程思政的协同发展

思政课程是立德树人关键课程，引导学生树立正确的世界观、人生观、价值观、道德观与法律观，起到铸魂育人的作用；专业课程夯实学生基础知识，提升学生实际操作能力，为毕业后走向岗位奠定基础。在专业课程中巧妙地融入课程思政，能起到润物细无声的作用。总之，思政课程与课程思政协同发展，就像给教育装上了双引擎。两者携手共进，才能避免思政课程和专业课程育人功能的单一性。学生在不同课堂上，既能学到专业知识，又能在潜移默化中形成正确的认知，真正实现知识传授与价值塑造的统一。

武汉铁路职业技术学院积极推进课程思政建设，在建设举措上，学校多管齐下，打造课程思政示范课程。学校明确标准，教师可以结合专业特色进行自主申报，学校择优认定并给予经费支持，并向上推荐，发挥示范课程的示范引领作用；开展课程思政特色案例评选，动员专业课教师结合

课程内容挖掘思政元素，精心撰写课程思政案例，经校内外专家严格评审后对优秀案例进行奖励并推广；举办课程思政示范案例教学竞赛，教师发挥所长，精心打造，展示教学风采，实现以赛促教。在建设成效方面，教师课程思政教学能力显著提升，在国家级、省级赛事中斩获佳绩；课程思政教学资源不断丰富，各专业积累大量案例并实现数字化共享；学生学习积极性和思想政治素养有效提高，理想信念更加坚定，深刻认识个人所学专业的重要性及就业后的素养要求。

  以下两个教学案例在课程内容设计上，注重传授专业知识、提升技能，如网络原理、网线制作；通过类比、设疑培养思维，鼓励举一反三；借助小组活动和实践操作，增强合作与实践能力。同时，以科学家事例激发工科学习热情；借知识讲解渗透团队合作意识；强调科学前瞻性，提升国家认同；通过劳模事迹弘扬劳动精神，培养职业素养。两个教学案例巧妙地将专业知识传授与核心素养培养、课程思政教育有机结合，让学生在学习知识技能的同时，实现思想、思维等多方面的提升，达到了"润物细无声"的育人效果。

  课程思政教学案例一：《培养科研前瞻意识 体会人类命运共同体》，见表6.2。

表6.2 课程思政案例一

教学课题	项目三：网络规划与设计 任务3 IP地址	课程类别	专业基础课
所属课程	计算机网络	学时	2学时
授课对象	现代通信技术专业大二学生	授课地点	XXX

续表

一、教学分析				
内容定位		"计算机网络与通信技术"是通信类专业课程。主要内容以五层协议的原理参考模型为基础，以TCP/IP协议族中的IP和TCP为核心，讲授计算机网络及通信领域的基本技术，同时涵盖网络技术的一些最新成果。本次课为项目三：网络规划与设计任务3 IP地址，前期已经完成了网络需求分析与设计原则以及网络互联设备的学习，为后续分析学习局域网奠定基础		
	项目一 认识计算机网络	项目二 组建家庭局域网	项目三 网络规划与设计	项目四 组建校园网	项目五 互联网应用服务
	任务1 计算机网络简介	任务1 通信技术	任务1 网络需求分析与设计原则	任务1 校园网络概述	任务1 初识WEB
			任务2 网络互联		任务2 FTP服务
	任务2 网络体系结构与网络协议	任务2 家庭路由器的配置	**任务3 IP地址**	任务2 路由技术	任务3 远程登录
			任务4 虚拟局域网		任务4 动态主机配置协议
学情分析	知识基础		能力水平		思想特征
	已经学习了TCP/IP协议簇分层的相关知识，对IP地址有一定认识，但是存在理论知识不理解的情况，对于互联网思维应用到学习和生活中的能力不足		具备一定的网络分析能力，计算机基础扎实，但是进制之间的转换容易出错		兴趣浓厚，特别对IT新技术有兴趣；不太喜欢数学相关的计算，硬件基础偏弱

续表

一、教学分析				
	思政目标	知识目标	能力目标	
教学目标	1. 提升工科学习热情和批判性思维 2. 培养团队合作意识 3. 培养主动思考意识 4. 解决学习畏难情绪，提升创新意识 5. 培养科研前瞻意识，增强国家认同，体会人类命运共同体	1. 理解虚电路和数据报的技术区别，掌握数据报使用网络层的原因 2. 掌握 MAC 地址和 IP 地址的联系与区别 3. 了解解决 IP 地址耗尽问题的几种方法	1. 培养学生的科研前瞻性意识 2. 培养面向工科课程的学习热情，强化学生跟踪学习新技术、新知识的能力 3. 培养主动思考能力，强化开放性思维，让学生养成举一反三的主动思维习惯	
教学重点	掌握数据报使用网络层的原因，掌握 MAC 地址和 IP 地址的联系与区别			
教学难点	了解解决 IP 地址耗尽问题的几种方法			
二、教学策略				

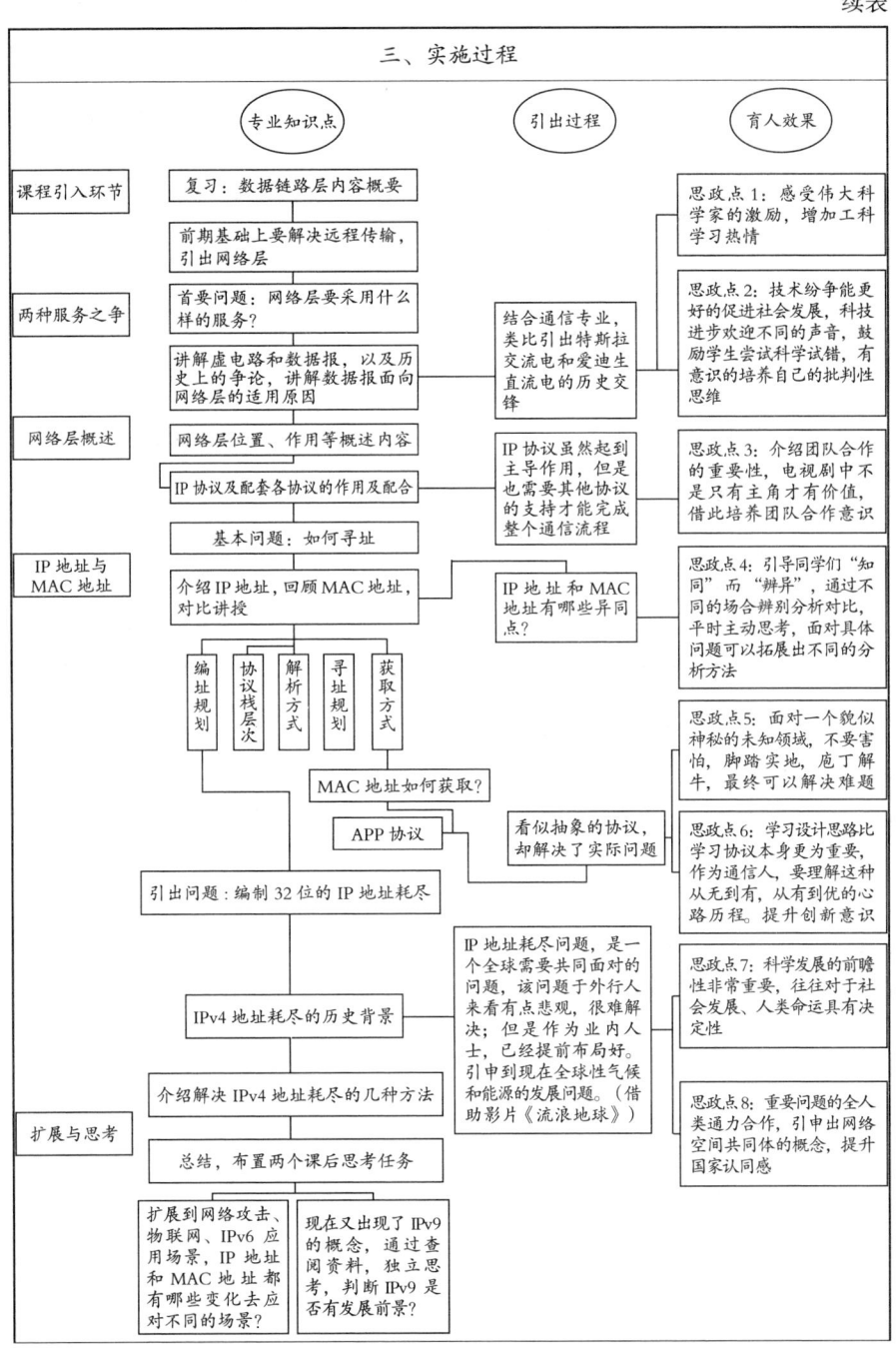

续表

三、实施过程

课程引入环节	专业知识点	引出过程	育人效果
课程引入环节	复习：数据链路层内容概要 前期基础上要解决远程传输，引出网络层		思政点1：感受伟大科学家的激励，增加工科学习热情
两种服务之争	首要问题：网络层要采用什么样的服务？ 讲解虚电路和数据报，以及历史上的争论，讲解数据报面向网络层的适用原因	结合通信专业，类比引出特斯拉交流电和爱迪生直流电的历史交锋	思政点2：技术纷争能更好的促进社会发展，科技进步欢迎不同的声音，鼓励学生尝试科学试错，有意识的培养自己的批判性思维
网络层概述	网络层位置、作用等概述内容 IP协议及配套各协议的作用及配合	IP协议虽然起到主导作用，但是也需要其他协议的支持才能完成整个通信流程	思政点3：介绍团队合作的重要性，电视剧中不是只有主角才有价值，借此培养团队合作意识
IP地址与MAC地址	基本问题：如何寻址 介绍IP地址，回顾MAC地址，对比讲授 编址规划／协议栈层次／解析方式／寻址规划／获取方式 MAC地址如何获取？ APP协议 引出问题：编制32位的IP地址耗尽	IP地址和MAC地址有哪些异同点？ 看似抽象的协议，却解决了实际问题	思政点4：引导同学们"知同"而"辨异"，通过不同的场合辨别分析对比，平时主动思考，面对具体问题可以拓展出不同的分析方法 思政点5：面对一个貌似神秘的未知领域，不要害怕，脚踏实地，庖丁解牛，最终可以解决难题 思政点6：学习设计思路比学习协议本身更为重要，作为通信人，要理解这种从无到有，从有到优的心路历程。提升创新意识
扩展与思考	IPv4地址耗尽的历史背景 介绍解决IPv4地址耗尽的几种方法 总结，布置两个课后思考任务 扩展到网络攻击、物联网、IPv6应用场景，IP地址和MAC地址都有哪些变化去应对不同的场景？ 现在又出现了IPv9的概念，通过查阅资料，独立思考，判断IPv9是否有发展前景？	IP地址耗尽问题，是一个全球需要共同面对的问题，该问题于外行人来看有点悲观，很难解决；但是作为业内人士，已经提前布局好。引申到现在全球性气候和能源的发展问题。（借助影片《流浪地球》）	思政点7：科学发展的前瞻性非常重要，往往对于社会发展、人类命运具有决定性 思政点8：重要问题的全人类通力合作，引申出网络空间共同体的概念，提升国家认同感

续表

四、课前驱动		
教师活动	学生活动	设计意图
职教云推送数据链路层的复习内容，以及网络层在TCP/IP协议簇的位置和作用	完成职教云平台任务	激发兴趣；培养自主学习能力

五、课中导学			
教学环节	教师活动	学生活动	设计意图
课程引入（10min）	回顾数据链路层概要，提出问题：链路层解决了传输问题，经过路由器远程传输如何实现？引出本章的网络层	通过网络资料的查询，了解网络层的作用	引导学生在学习的过程中，勤于思考，将理论知识联系到实际网络应用中
课堂讲授（35min）	知识点1：网络层服务 在计算机网络领域，网络层应该向传输层提供怎样的服务（"面向连接"还是"无连接"）曾引起长期的争论。争论焦点的实质是：在计算机通信中，可靠支付应当由谁来责任？是网络还是端系统？结合通信专业，类比引出特斯拉交流电和爱迪生直流电的历史交锋	理解数据包和虚电路的适用场合，了解数据报胜出的原因。历史上类似的争论场景很多，类比特斯拉交流电和爱迪生直流电的历史交锋	思政点1：感受伟大科学家的激励，增加工科学习热情 思政点2：技术纷争能更好的促进社会发展，科技进步。欢迎不同的声音，鼓励学生尝试科学试错，有意识的培养自己的批判性思维
	知识点2：网络层概述 IP协议虽然起到主导作用，但是也需要其他协议的支持才能完成整个通信流程	了解网络层的作用以及协议	思政点3：介绍团队合作的重要性，电视剧中不是只有主角才有价值，借此培养团队合作意识

第六章 实践探索案例

续表

教学环节	教师活动	学生活动	设计意图
	五、课中导学		
教学环节	教师活动	学生活动	设计意图
探究学习 （35min）	知识点3：IP地址和MAC地址 1. 将教师讲课用计算机作为道具，提起学生兴趣 2. 与学生互动，随机请学生板书自己的信息，为后面类比做准备 3. 扩展到每台联网计算机也有自己唯一标识自己身份的事物——MAC地址和IP地址，引出授课内容：MAC地址和IP地址	1. 由教师身份标识入手，让学生讨论自己的身份标识，例如：姓名、学号、身份证号码、手机号码等 2. 学生思考问题：MAC地址和IP地址都是用来寻址，而且都可以唯一的标识所在的站点，为什么需要两个地址同时存在？	思政点4：引导同学们"知同"而"辨异"，通过不同的场合辨别分析对比，平时主动思考，面对具体问题可以拓展出不同的分析方法
	知识点3：IP地址和MAC地址 1. 类比：MAC地址和IP地址的作用范围不一样，类比于程序设计中的"局部变量"和"全局变量" 2. 现象：IP地址是源站点通过应用层的DNS获取的，而在MAC帧层，目的MAC地址不知道，那么如何获取呢	1. 了解ARP协议的作用：通过已知的IP地址获取MAC地址 2. 掌握ARP协议的流程："一问一答"的形式	思政点5：面对一个貌似神秘的未知领域，不要害怕，脚踏实地，庖丁解牛，最终可以解决难题 思政点6：学习设计思路比学习协议本身更为重要，作为通信人，要理解这种从无到有，从有到优的心路历程。提升创新意识
	知识点4：IP地址耗尽 IP地址资源耗尽（2011年2月3日） 耗尽并非网络末日 1. 科学的前瞻性 2. 重要问题下全人类通力合作	通过网络，寻找IP地址耗尽的解决办法，并展开讨论总结。 解决办法： 1. 采用划分子网和无类别（CIDR），使IP地址的分配更加合理 2. 采用网络地址转换，NAT方法以节省全球IP地址 3. 采用具有更大地址空间的新版本的IPv6协议	思政点7：科学发展的前瞻性非常重要，往往对社会发展、人类命运具有决定性 思政点8：重要问题的全人类通力合作，引申出网络空间共同体的概念，提升国家认同感

续表

五、课中导学				
教学环节	教师活动	学生活动	设计意图
点评总结 （8min）	总结今天的4个知识点 知识点1：网络层服务 知识点2：网络层概述 知识点3：IP地址和MAC地址 知识点4：IP地址耗尽	聆听点评，梳理课堂知识脉络，知晓通信人的责任使命	思政点9：引导学生善于总结，举一反三的能力
作业布置 （2min）	从网络攻击，物联网和IPv6的角度，来看IP地址和MAC地址的适应性变化		思政点10：培养学生的主动思维能力和意识

六、课后拓展		
教师活动	学生活动	设计意图
课后调研报告，IPv9之我见	查阅资料，体现个人观点，没有标准答案	思政点11：培养学生的批判性思维能力和意识

七、教学效果
针对本教学案例，设计层面科学合理，操作性强。深度对标"盐溶于水"，没有长篇大论，经过深入精简、选择、挖掘，实现每个思政点、知识点向三个育人层次的自然延伸。思政育人元素丰富，形式多样，效果良好 1. 部分思政元素点还需要进一步凝练，提升学生内心触动，避免占用过长时间。进一步引入科研实例，在更高层次的人类命运共同体意识强化方面进一步挖掘，增强对于培养学校的自信心和认同感的内容 2. 育人效果反馈机制仍需探索。扩展多种反馈方式，提升问卷质量

八、反思诊改
持续改进计划： 1. 在保证课堂教学生动的同时，凝练思政元素表述方式 2. 提升育人层次，进一步挖掘能够强化国家认同与社会责任感的元素 3. 继续在多个维度推广本成果 4. 探索反馈机制，提升问卷质量

课程思政教学案例二：《弘扬工匠精神 力争精益求精》，见表6.3。

表 6.3 课程思政案例二

教学课题	项目二：组建家庭局域网 实验三 网线制作	课程类别	专业基础课
授课对象	现代通信技术专业大二学生	授课地点	XXX

一、教学分析		
内容定位		"计算机网络与通信技术"是通信类专业课程。主要内容以五层协议的原理参考模型为基础，以 TCP/IP 协议族中的 IP 和 TCP 为核心，讲授计算机网络及通信领域的基本技术，同时涵盖网络技术的一些最新成果。本次课为项目二：组建家庭局域网 任务 1 通信技术中的网线制作，是家庭组网的最基础知识。掌握好该实验，创建家庭组网，实现文件共享的操作方法，是成为一名互联网工作人员的必要条件

内容定位结构：
- 项目一 认识计算机网络
  - 任务 1 计算机网络简介
  - 任务 2 网络体系结构与网络协议
- 项目二 组建家庭局域网
  - 任务 1 通信技术
  - 任务 2 家庭路由器的配置
- 项目三 网络规划与设计
  - 任务 1 网络需求分析与设计原则
  - 任务 2 网络互联
  - 任务 3 IP 地址
  - 任务 4 虚拟局域网
- 项目四 组建校园网
  - 任务 1 校园网络概述
  - 任务 2 路由技术
- 项目五 互联网应用服务
  - 任务 1 初识 WEB
  - 任务 2 FTP 服务
  - 任务 3 远程登录
  - 任务 4 动态主机配置协议

学情分析	知识基础	能力水平	思想特征
	已了解局域网的概念和组成，掌握局域网传输介质的特点和适用场合	已初步具有规划局域网结构的基本知识，但是把网络思维应用到学习和生活中的能力不足	学生富有激情，肯学敢问，学习积极性高，但比较好动，接受能力和适应能力都比较强，发现细节的能力较弱

续表

一、教学分析				
教学目标	思政目标		知识目标	能力目标
教学目标	1. 培养知识、技能等显性职业素养，培养职业道德、职业态度和职业作风等方面的隐性素养 2. 培养团队合作意识 3. 培养主动思考意识 4. 培养劳模精神、劳动精神、工匠精神，引导学生用智慧和汗水营造劳动光荣的社会风尚		1. 认识水晶头双绞线等工具 2. 知道A，B网线排列方式的线序，直通线和交叉线的使用场合 3. 学会制作符合标准"直通"连接方式的网线	1. 培养学生的动手实践能力和团队合作能力，养成严谨求学的学习态度 2. 在合作竞争探索的学习过程中，探究学习合作学习的同时学会动手实践的一般方法
教学重点	知道"直通线"网线连接方式的线序，能区别568A和568B网线的不同			
教学难点	1. 标准网线的制作方式 2. 不规范操作的行为预防			
二、教学策略				

既授人以鱼
更授人以渔

知其然
更知其所以然

前者既要通过课程传授知识技能，又要引导学生习得提高学生自学知识技能的能力；后者既要通过书本学习理论知识知其然，更要通过实验、实训的学习丰富技能拔高认知层次，做到知其所以然

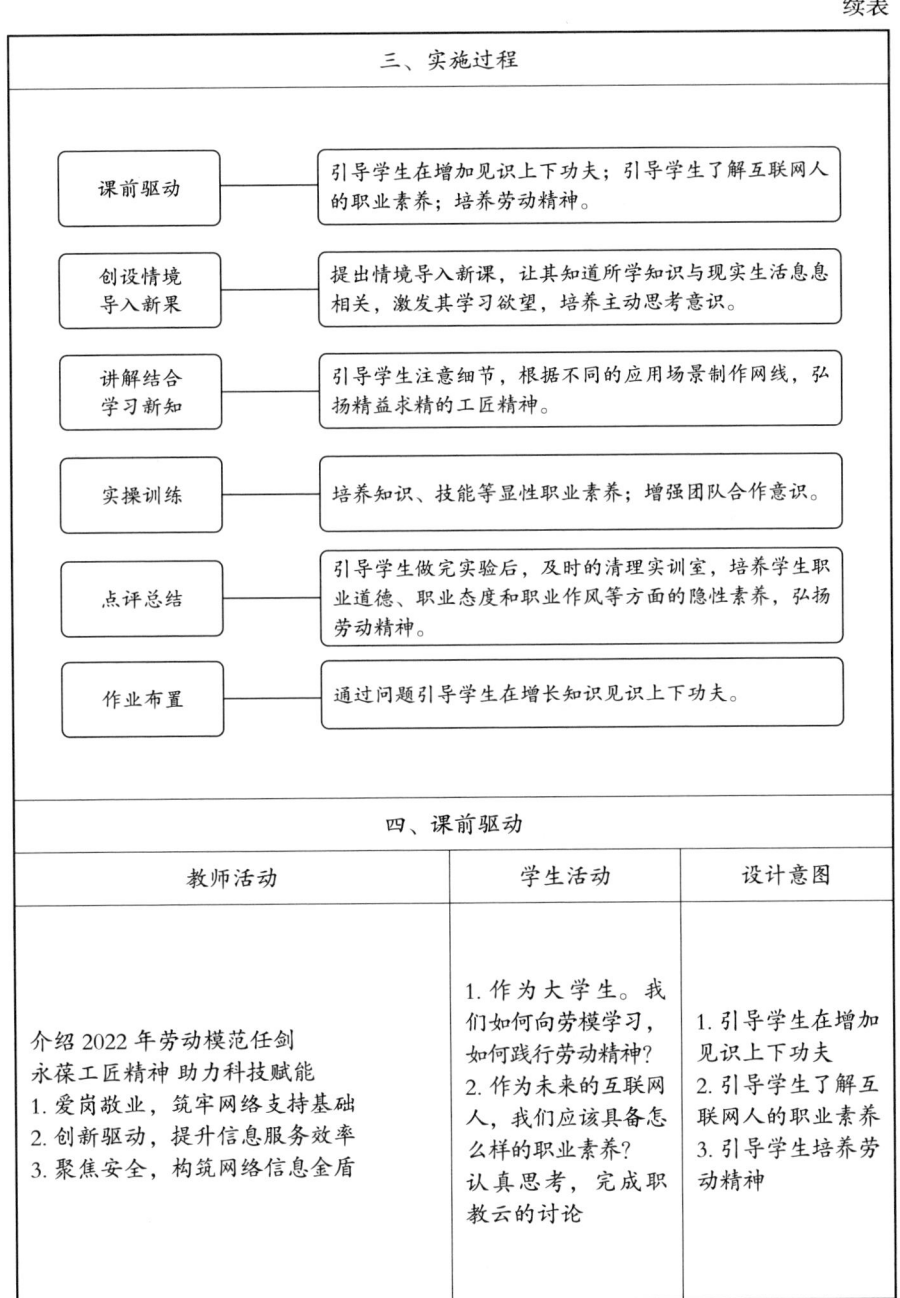

续表

三、实施过程

阶段	内容
课前驱动	引导学生在增加见识上下功夫；引导学生了解互联网人的职业素养；培养劳动精神。
创设情境导入新果	提出情境导入新课，让其知道所学知识与现实生活息息相关，激发其学习欲望，培养主动思考意识。
讲解结合学习新知	引导学生注意细节，根据不同的应用场景制作网线，弘扬精益求精的工匠精神。
实操训练	培养知识、技能等显性职业素养；增强团队合作意识。
点评总结	引导学生做完实验后，及时的清理实训室，培养学生职业道德、职业态度和职业作风等方面的隐性素养，弘扬劳动精神。
作业布置	通过问题引导学生在增长知识见识上下功夫。

四、课前驱动

教师活动	学生活动	设计意图
介绍2022年劳动模范任剑永葆工匠精神 助力科技赋能 1. 爱岗敬业，筑牢网络支持基础 2. 创新驱动，提升信息服务效率 3. 聚焦安全，构筑网络信息金盾	1. 作为大学生。我们如何向劳模学习，如何践行劳动精神？ 2. 作为未来的互联网人，我们应该具备怎么样的职业素养？ 认真思考，完成职教云的讨论	1. 引导学生在增加见识上下功夫 2. 引导学生了解互联网人的职业素养 3. 引导学生培养劳动精神

续表

	五、课中导学		
教学环节	教师活动	学生活动	设计意图
创设情境导入新课（10min）	你平常见的网线都连接在什么设备上？你有仔细观察过网线的两端吗？	细心聆听，讨论思索	提出情境导入新课，让学生知道所学知识与现实生活息息相关，激发其学习欲望，培养主动思考意识
讲解结合学习新知（35min）	1.通过投影大屏幕配合实物展示双绞线、水晶头、网线钳、测试仪等器材工具	以小组为单位，学生观察学习，热烈讨论	1.通过观察实物，刺激学生的视觉，产生浓厚的学习兴趣，注意力更加集中 2.培养团队合作意识
	2.用图片展示两种水晶头的接线标准T568A和T568B	学生认真观看，思考默记知识关键点	1.形象生动的讲解，力求使学生记住常见的T568B的线序 2.引导学生掌握学习方法
	3.讲解双绞线的两种连接方式： （1）直通连接：直通线则是主要用于交换机和别的网络设备。用于路由器和交换机，或PC和交换机，以及别的一些网络通讯设备和交换机之间的连线 （2）交叉连接：交叉线主要作用于PC，HUB，HUB交换器，交换器这几种两台同样的网络设备之间的连线，交叉线是用于同类型的两台交换机	学生认真思考，总结直通线和交叉线的适用场合	1.图文结合更能强化区分直通线和交叉线，破解教学重点 2.引导学生注意细节，根据不同的应用场景制作网线，弘扬精益求精的工匠精神

续表

五、课中导学			
教学环节	教师活动	学生活动	设计意图
实操训练 （35min）	1. 制作直通线 教师边演示边制作直通线 2. 测试直通线的连通性 制作完双绞线之后，用测试仪测试，展示给学生如何测试直通线的连通性 3. 仪器收放和环境规整 整个实验过程中会有很多飞溅的网线，损坏的水晶头，并不满足实训室6s的要求。由于场地杂物乱放，致使其他东西无处堆放，这是一种空间的浪费。其次，拥有一个良好的工作环境，可以使个人心情愉悦；东西摆放有序，能够提高工作效率，减少搬运作业	1. 学会用测试仪器测试网线的连通性 2. 爱护环境，做好仪器收放和环境整理	1. 学习制作直通线，了解其使用场合，树立崇尚劳动的社会风尚 2. 学习网线测试工具的使用，网线制作完成后，测试环节必不可少。引导学生做事有始有终，解决教学难点 3. 引导学生做完实验后，及时的清理实训室，培养学生职业道德、职业态度和职业作风等方面的隐性素养，弘扬劳动精神
点评总结 （8min）	总结今天的3个知识点。 知识点1：双绞线制作工具及使用方法 知识点2：直通线和交叉线的线序区别和应用场合 知识点3：直通线的制作与测试	聆听点评，梳理课堂知识脉络，知晓职业素养的重要性	培养劳模精神、劳动精神、工匠精神，引导学生用智慧和汗水营造劳动光荣的社会风尚
作业布置 （2min）	有的网线并不能全部联通，要求至少能通哪几根？用问题引导学生，为什么有的同学用测试仪没有每根线都联通，却可以用来实际连接设备，并完成数据通信		通过问题引导学生在增长知识见识上下功夫。培养知识、技能等显性职业素养

六、课后拓展		
教师活动	学生活动	设计意图
如果要实现两台主机共享文件，需要制作什么样的网线	查阅资料，大胆猜想，并以小组为单位，制作满足要求的网线，并完成文件共享功能的实现	1. 培养团队合作意识 2. 培养主动思考意识

续表

七、教学效果
1. 知识技能和自学知识能力能同步收获 2. 专业知识与思政内容的同向同行 3. 理论知识与实践能力的齐头发展
八、反思诊改
持续改进计划： 1. 在保证课堂教学生动的同时，凝练思政元素表述方式 2. 提升育人层次，进一步挖掘能够强化国家认同与社会责任感的元素

二、朋辈互助：核心素养提升的协同机制

（一）朋辈互助及其重要性

"朋辈教育"是指具有相同背景或由于某种原因使具有共同语言的人在一起分享信息、观念或行为技能，以实现教育目标的教育方法。实践表明，"朋辈互助"作为新时期大学生思想政治教育途径和手段的创新与延伸，通过进一步发挥优秀群体的榜样示范作用，可以有效开展渗透性教育，提高课程的吸引力，实现教育主体的双向互动。"朋辈互助"模式突破传统管理模式的硬性约束，将教育过程转化为主体间平等对话的协同治理实践，通过同辈群体的言行潜移默化地实现情感共鸣、经验迁移与行为改变，使受教育者的责任意识与协作能力得到有效提升。

武汉铁路职业技术学院积极在朋辈互助方面进行探索和尝试。一方面，发挥宿舍这一空间的重要育人作用，组织"我和我的室友"成长故事分享会，通过室友之间分享日常点滴、生活中的感动瞬间和相互磨合的历程，深化寝室文化内涵，促使室友间互相学习优点，互帮互促，实现核心素养、

互助意识、沟通能力、解决问题技巧等的综合提升。另一方面，积极打造一站式学生社区，搭建朋辈互助平台，通过组织优秀校友返校宣讲、学长学姐分享个人经验及个人成长先进事迹，助力学生明确方向、制定规划，向优秀榜样看齐，实现自我提升。

（二）意见领袖赋能：朋辈教育中的引领作用

朋辈中的意见领袖是指在同龄人或同一群体中，具有较高影响力和话语权的个体。20世纪90年代以来，大学生意见领袖逐渐成为意见表达的重要力量。他们的行为和态度往往会成为朋辈模仿和学习的对象，影响朋辈形成良好的行为习惯和价值观。

因此，采用学生意见领袖分享成长故事，是培养核心素养的重要方式。于集体而言，学生通过各具特色的成长故事的分享，能让同伴拓宽视野，从中汲取成长经验，达到"以人为镜，可以明得失"的效果。除此之外，故事分享这一创新形式营造的真诚、包容、灵动的课堂氛围，能够增进同学间的相互理解与信任，构建良好的学习共同体，提升互助合作的学习氛围，增强班级凝聚力。于个人而言，成长故事分享是对自身经历的系统梳理与总结，能让学生在清晰地认识自我成长轨迹、挖掘经验教训的过程中，促进自我认知的深化，达到对价值观的塑造和认同的深化。同时，学生公开分享的形式，既锻炼了语言组织与口头表达能力，更能让学生增强自信心，从容地展现自我。

案例一：学生成长故事

我叫XXX，来自云南宣威，我的专业是铁道机车运用与维护。从小我就梦想能开着动车飞驰在云贵高原，而我也一直为此努力奋斗着。我担任班级学习委员、校青志协部门负责人以及新生班主任助理的多重角色，这些经历让我深刻理解了纪律性、团队协作与执行力的重要性。学习上，我始终保持高度的自律与专注，课堂上积极互动，笔记详尽，累计超过三万字。这份坚持让我在259人的专业中脱颖而出，取得了第二名的优异成绩。大二学年，我有幸荣获国家奖学金、三好学生、优秀共青团干部等荣誉，这些荣誉是我奋斗青春的见证，也是我追求卓越、不懈努力的证明。坚持以赛促学，在长达5个月的备赛期间，我经历了186次淘汰制理论考试，从早到晚400多次的模拟驾驶，制动闸把被我盘出了包浆。艰苦训练期间，最疼爱我的奶奶去世了，我带着奶奶的期许，一鼓作气荣获国家级技能大赛二等奖。我获得2项国家级荣誉、1项省级荣誉、16项校级荣誉，这是我的奋斗青春。从仰望繁星的山娃，到现在心中的那颗星有了具体的形状，我将继续勤勉不懈、向阳而行，在顺境中乘风，在逆境中破浪！同时，我还积极参与校内外的志愿服务活动，累计志愿工时达242.5小时，公益劳动工时52小时，将志愿服务融入生活，成为了一种常态。这些经历不仅锻炼了我的团队协作能力，更深化了我服务社会、奉献铁路的决心。

从热衷看火车到熟练开火车，变化的是视角，不变的是逐梦前行的奋斗脚步！

案例二：寒门学子的"无穷之路"

大家好，我叫XXX。从家门到校门的距离能有多远？于我而言，是有读书的机会却苦于难筹学费的可望而不可即的遥远。2021年，我国实现了第一个百年奋斗目标，在中华大地上全面建成了小康社会。当我在电视上看到这个画面的时候，热泪盈眶，因为我也是国家精准扶贫的亲历者和受益者。今天我想跟大家讲讲精准扶贫与我的故事。

一、梦想的种子生根发芽

我出生在湖北省枣阳市杨垱镇。在我11岁那年，我看到航天员聂海胜在太空中遨游，与星辰对话，我感受到了前所未有的震撼与激动。那一刻，一颗梦想的种子在我心里萌芽：有一天，我也要像同样出生在枣阳的聂海胜航天员一样，走出大山，用知识改变命运。

二、寒门学子的艰难求学路

与大多数的学子不同，我的追梦之路异常艰难。

2014年，由于父亲病故，我家失去了经济来源，母亲独自一人撑起我们这个风雨飘摇的小家。在农村低保政策下，我们的基本生活得到保障。同时，我得到了社会各界的帮助，初中顺利毕业。

2020年，我迈入了高中的校门。每次前往学校，我都需要乘坐两小时半的大巴，并转两次车才能抵达。然而，这并没有击垮我对知识的渴望和对未来的憧憬。我坚持自给自足，在校园内开始勤工助学，通过自己的努力赚取生活费，减轻家庭的负担。

2023年，我考入了梦寐以求的武汉铁院。我倍加珍惜这份来之不易的机会，我坚信，只要心中有梦想，就没有什么能够阻挡前进的步伐。

三、脱贫攻坚为我的梦想插上翅膀

回望我的求学之路，国家的脱贫攻坚战略为我的梦想插上了翅膀，我才得以振翅翱翔。低保政策对于遭遇变故的我来说，就像是及时雨，保障了我们的基本生活。打赢脱贫攻坚战的相关政策出台，为我和像我这样的家庭带来了希望的曙光。我手中持有的扶贫手册，使我得以减免学费并获得补助费用，这让我可以更加专注于学业。

我仍记得2018年，村干部来我家做家访时对我说的一句话："好好学习，做一个对社会有用的人，回报社会。"这句话深深地烙印在我的心中，成为我前进的动力。

在脱贫攻坚政策的帮助下，我的姐姐已经毕业并参加工作。我也顺利步入了大学的校门。而我的家乡也发生了翻天覆地的变化，一个小时的高铁就可以从武汉到枣阳，我也再不用像以前一样坐几个小时的大巴，转几趟车才能从枣阳回到家了。

现在再问我，从家门到校门的距离能有多远？我想说，是国家让我从家门到校门的距离不再遥远。作为班长兼团支书，我带领支部积极参加各种活动，荣获红歌比赛校级三等奖，我们还积极参与了金龙社区的爱国卫生打扫活动，得到了社区群众的认可和好评。在校期间，我不仅在学业上努力进取，还积极参与各种勤工助学和社会志愿活动。

作为寒门学子的我，希望通过双手和智慧走上"无穷之路"，希望通过努力阻断贫穷的代际传递。我将不辜负伟大时代，用青春谱写新篇！

第二节　实践育人

一、从"责任田"到"成长田"：劳动教育的多维赋能

我国要培养的是德智体美劳全面发展的社会主义建设者和接班人，劳动教育对塑造全面发展的人具有重要意义。劳动教育通过真实的农田耕作、劳动教育实训周等实践活动，让学生能够切实体验劳动过程，重新认识劳动的重要价值，深化对"付出与收获"的认知。劳动教育主要在以下方面提升学生的核心素养。

（一）引导学生树立正确的劳动观念

学生在小学和中学阶段就接受"劳动最光荣"理念的引导和教育，并有一定的劳动实践体验。但由于学生尚处于价值观的养成期，难以深刻认识到劳动教育的重要性。学校通过树立"开心农场"的理念，设置班级

"责任田",让学生在班级分得的田地中进行劳作,从而更有效地引导学生树立正确的劳动价值观。一方面,帮助学生理解劳动对个人、社会和国家的重要意义;另一方面,使学生明白不同类型劳动的价值,无论是脑力劳动还是体力劳动,都能为社会创造价值,都值得尊重和肯定。

(二)掌握基本的劳动知识和技能

学校设置劳动教育实训周,通过内务整理、烹饪体验、水电操作等日常生活实践,引导学生掌握基本的劳动知识和技能。同时,学生在劳动体验中发现问题、思考问题,并尝试运用所学知识和经验解决问题,从而提升创新思维和问题解决能力。

(三)养成良好的劳动习惯

由于课业较多,学生对劳动可能仅有一时的新鲜感,难以长期坚持。班级"责任田"的划分以及劳动果实的展示,能够让学生全程投入到劳动过程中,从而养成良好的劳动习惯。在劳动过程中,逐步培养勤奋、负责、踏实的劳动品质,以及不怕苦、不怕累、持之以恒的毅力和耐心。

(四)弘扬劳动精神

学生在具体的劳动实践中,能够更深刻地感悟劳动的价值和意义,体会到劳动精神、劳模精神、工匠精神的内涵。他们崇尚劳动模范和先进工作者,学习他们艰苦奋斗、爱岗敬业、勇于创新、争创一流、淡泊名利、甘于奉献的精神。通过劳动教育引导学生在劳动中不断追求卓越,培养学生的核心素养,有助于促进学生的全面发展。

武汉铁路职业技术学院将校园荒地改造成"责任田",将课本上的知识延伸至真实的生活场景。学生在播种、浇水、收获的过程中,不仅掌握了农业知识,更深刻感悟到生命成长与协作互助的意义,真正实现了从"知道"到"做到"的素养升华。学校设置的劳动教育周更是将劳动教育全方位融入学生生活。在劳动教育周期间,学生走进厨房,在烹饪实践中掌握基本的生活技能,体会一粥一饭的来之不易;整理内务,学习如何打造整洁有序的生活空间;参与水电操作,了解生活中的基础维修知识,培养动手能力。同时,学校还结合专业特色,开展铁路相关的劳动实践,如模拟轨道养护、设备清洁等,使学生在劳动中加深对专业的理解与认知。武汉铁路职业技术学院的劳动教育实践,打破了传统教育中知识与实践的壁垒,使学生在亲身参与中培育劳动精神、提升综合素养。这种将劳动教育与专业教育、生活实践相结合的创新模式,为职业院校的人才培养提供了新的思路,也让学生在成长道路上收获了书本之外的宝贵财富。

二、从"光影叙事"到"精神淬炼":微电影推动多维塑造

学生在教师指导下参加"我心中的思政课"全国大学生微电影展示活动,以团队的形式合作完成选题、编剧、拍摄与剪辑。在这一过程中,需协调分工、应对突发问题。微电影既展现多元文化,促进认知发展,又助力传统文化传承;通过多元艺术元素,提升学生的审美感知与表达能力;微电影分析可锻炼批判性思维,创作难题的解决则提升实践能力;剧本创作与团队协作分别提升文字和口头表达能力、沟通协作能力;聚焦社会热点,能增强学生社会责任感与公民意识。总之,微电影对培养学生的核心素养具有重要作用,促使学生关注现实、传播正能量,成为全面发展的新时代人才。

微电影案例一:《时光列车》

1.剧本简介

武汉铁路职业技术学院学生打造的影片《时光列车》讲述了出生于铁

路世家的 2021 级大学新生许襄瑜（化名），听从父母意见，选择进入铁路专业学习。但对铁路专业并不感兴趣的他，在进入大学后一度浑浑噩噩、虚度时光。正当许襄瑜迷茫之际，一堂关于铁路青年时代担当的特殊思政课，给他埋下了转变的"种子"。在思政课教师布置的"探寻铁路发展老物件"课后任务的助推下，他了解了爷爷、父亲作为一名铁路人对铁路事业执着坚守与无私奉献的故事，深刻认识到传承对于一个家庭、对一个国家的重要意义。一家三代的经历，见证了中国铁路从缓慢行进的昨天到高速发展的今天，也见证了曾经举步维艰的中国铁路走向如今昂首挺胸、阔步向前的发展历程。中国铁路的大变迁承载着一个家族的光荣与梦想，这促使襄瑜主动接过"人民铁路为人民"的接力棒，坚定地走上了技能成才、技能报国之路，以奋斗之我投身"十四五"宏伟蓝图，以匠心之我为推动交通运输高质量发展贡献力量。

2. 剧本脚本（见表 6.4）

表 6.4 《时光列车》剧本脚本

故事内容	字幕/独白	声音	场景	时长	道具
第一幕					
主人公看着时钟出神，小心翼翼从卧室走到书房，找到书房柜子中父亲珍藏的一块老式怀表，拿起怀表的瞬间，父亲推门而入，怀表从手中掉落，摔到地上		现场音	房间	10s	盒子怀表
第二幕					
镜头 1： 母亲喊醒主角，列车播报武汉站到了	母亲：襄瑜，醒醒，马上到站了			6s	

续表

故事内容	字幕/独白	声音	场景	时长	道具
第二幕					
镜头2： 清晨的武汉站，高铁列车素材出字幕《时光列车》		现场音		6s	
镜头3： 学校大门入校学生空镜头，主人公和母亲走到学校门口，母亲手拿包。主人公进校	母亲：这学校真是太美了，你爸爸真该来看看的 主人公：他总是忙，不来也好，我早习惯了，妈，您赶紧回去吧 母亲：诶，你这孩子，好好照顾自己啊……	现场音	校门口	8s	现场音
镜头4： 主人公孤独的走在一群欢声笑语的同学中，铁院之歌响起，主人公在火车前问路，主人公走过模拟站台，模拟站台主人公和室友一起奔跑上课，教室里主人公犯困睡觉被老师点醒，宿舍一群人围着笔记本看恐怖片，操场上打篮球挥洒汗水，宿舍里躺在床上	我叫许襄瑜，是武汉铁院的一名新生，对铁路专业并不是那么感兴趣的我，对学习的投入度可想而知，你们懂的……	铁院之歌	校园	10s	
第三幕					
镜头1： 早上学校上课铃声响起，主人公起床，和室友一边整理衣服一边奔跑，在博物馆门口停下喘气，主人公和室友背着书包奔跑进博物馆，不小心踩了一下前面的同学，前面的同学转身看向主人公，主人公顺势做出表示歉意的手势，让同学不要声张，思政老师将这一切看在眼里			铁路文化博物馆	8s	书包

故事内容	字幕/独白	声音	场景	时长	道具
第三幕					
镜头2： 同学们认真听着老师的讲述，有的同学点头回应老师。主人公和室友在下面窃窃私语	思政课教师：同学们，通过参观铁路博物馆，大家了解了我国铁路用两条钢轨记录了从"站起来"到"富起来"再到"强起来"的故事。我国铁路的发展离不开一代代铁路人的执着坚守与无私奉献。一代人有一代人的长征，作为一名新时代的铁路青年，如何接过历史的接力棒呢？有没有哪位同学愿意来分享一下？	现场音		15s	PPT 话筒
镜头3： 思政课老师将目光放在主人公身上，请他起来回答问题，打闹中的主人公站起身，老师提问	思政课教师：襄瑜同学，你来分享一下对这个问题的想法吧	现场音		5s	
镜头4： 还没等主人公站起来回答问题，室友抢先"出卖"主人公，主人公室友说完，同学们哄堂大笑，纷纷把目光投向主人公	主人公室友：老师，刚才许襄瑜同学悄悄跟我说，新时代青年要能"推塔"、能"打龙"，要做最强王者	现场音		6s	
镜头5： 思政课老师先用轻松愉悦的语气回应大家 后用稍正式地语气劝诫大家	思政课教师：看来大家很擅长活学活用啊，但是呢，老师希望大家在课堂上少"打野"，我们要做现实生活的，而不是虚拟世界的最强王者	现场音		8s	
镜头6： 思政课老师继续把目光投向主人公，主人公起身	思政课教师：襄瑜同学，你可以继续分享了	现场音		8s	

续表

故事内容	字幕/独白	声音	场景	时长	道具
\multicolumn{6}{c}{第三幕}						
镜头7： 主人公拿起书本，慌慌张张地四处翻找，念了几个字，犹豫了一下，合上书本，说出了内心的真实想法	主人公：老师，新时代的铁路青年要有理想，有…… 老师，我的专业都是我爸妈帮我选的，我压根就不喜欢，要接过接力棒，感觉做不到啊	现场音		10s	
镜头8： 思政课教师示意主人公坐下	思政课教师：襄瑜同学提了一个非常好的问题，我相信在座的其他同学或许也有这个困惑，关于这个问题，老师想请大家先去找找答案 请大家课后去探寻你身边反映铁路发展的老物件，实践课时请大家来做分享	现场音		10s	
\multicolumn{6}{c}{第四幕}						
镜头1： 主人公和室友并肩走在模拟站台	主人公室友：襄瑜，你能找到老师说的那个老物件吗？ 主人公：你今天出卖我，我还没跟你算账呢，站住	现场音	模拟站台	8s	
镜头2： 主人公手机里传来思政课老师的信息 主人公看完信息，放回口袋后，跑向室友，搂住室友的肩（主人公内心有些许开心）	襄瑜，为你今天的勇敢点赞！老师相信你能自己找到答案，期待你的分享，加油！（笑脸表情）		模拟站台	5s	手机
\multicolumn{6}{c}{第五幕}						
镜头1： 镜头指向家里的时钟，时间（11:50），切换到主人公躺在家里沙发上，玩"王者荣耀"			客厅	3s	手机

第六章　实践探索案例

续表

故事内容	字幕/独白	声音	场景	时长	道具
第五幕					
镜头2： 母亲摆好碗筷	母亲：可以开饭咯	现场音	饭厅	3s	围裙
镜头3： 一家人在饭桌上吃饭	父亲：襄瑜，在学校还习惯吗？	现场音	饭厅	5s	
镜头4： 主人公回应父亲	襄瑜：还行吧	现场音	饭厅	3s	
镜头5： 父亲开始唠叨	父亲：一定要把专业知识打牢，以后工作上用得着，还有，多参加实践活动，提升自己的能力，为今后就业做好充分的准备	现场音	饭厅	3s	
镜头6： 主人公嘀咕了两句，默默吃饭表达内心的不满，母亲给儿子和丈夫分别夹了菜，示意父亲停下	主人公：从小唠叨到大，耳朵都起茧子了 父亲：你…… 母亲：好了，先吃饭吧，襄瑜多吃点	现场音	饭厅	6s	
镜头7： 主人公放下筷子，离开了餐桌母亲示意父亲别跟孩子计较	主人公：我吃完了	现场音	饭厅	6s	
第六幕					
镜头1： 主人公回到自己的房间，躺在床上，打开手机，看到班级群提醒作业的信息，起身寻找老物件	学委一鸣信息：老师布置的作业，大家抓紧时间完成哦		房间	5s	手机
镜头2： 主人公费力地打开盒子，看到里面有一块老式怀表，刚拿起怀表的瞬间，父亲推门而入，他被父亲的突然进入吓了一跳，一不留意，怀表从手中掉落，摔到地上		现场音	房间	10s	盒子怀表

续表

故事内容	字幕/独白	声音	场景	时长	道具
第六幕					
镜头3： 父亲生气地走到主人公身边，弯腰捡起碎片，用衣服去擦拭	父亲：谁让你动它的！	现场音	房间	8s	怀表
镜头4： 母亲闻声而来，到房间门口看到父亲手中摔坏的怀表，满脸惊讶和着急	主人公：不就是块怀表嘛。 父亲：你妈没教过你，没经过允许，不能动别人东西吗！ 主人公：我又不是故意的，至于这样嘛 父亲：你还有理了！ 母亲：好啦，一家人好不容易聚在一起，都少说两句，孩子也不是故意的，你好好说	现场音	房间	13s	怀表
镜头5： 父亲指责主人公不懂事，主人公听着父亲的责备，心中夹杂着愤怒、委屈，没等父亲把话说完，摔门而出，跑进自己的房间，将房门紧锁，躺在床上，看着天花板	父亲：他已经成年了，还这么毛毛躁躁的，现在还学会顶嘴了！	现场音	房间	14s	床铺
镜头6： 主人公打开手机，手机电量显示很低，想出去找充电器，主人公悄悄打开房门，经过书房时，瞥见台灯亮着，父亲伏在书桌上，小心而专注地拼凑着被他摔坏的怀表		旁白	房间	10s	怀表台灯
接下来的两天，父子一直冷战，母亲将一切看在眼里				6s	
镜头7： 镜头定格到床头的时钟（8:00） 主人公醒来后，双手抱头躺在床上，脑袋里浮现出那晚父亲认真拼凑怀表的画面，这时门口传来了敲门声，听到母亲要进来的请求，他不置可否，仍躺在床上	母亲：襄瑜，妈妈可以进来吗？	现场音	房间	8s	闹钟枕头

第六章 实践探索案例

续表

故事内容	字幕/独白	声音	场景	时长	道具
第六幕					
镜头8： 母亲进门后，找了一把椅子在主人床前坐下，怀里抱着一本相册 询问主人公是否还在生父亲的气，主人公没有回应，母亲把相册放到桌上后，离开了房间	母亲：襄瑜，还跟爸爸闹别扭呢。妈妈这里有一本相册，对你演讲应该有帮助	现场音	房间	10s	相册
第七幕					
镜头1： 主人公起身，坐到桌前，翻开相册，镜头打向相册。 映入眼帘的是黑白的照片，下面有一段手写的文字 镜头定格在主人公看相册	我是一名铁道兵，今天是我们队伍来到秦巴山区的第一天，当地百姓形容这里是"抬头一线天、低头是深涧、天天云雾罩、半年雨绵绵"。毛主席曾亲自确定襄渝铁路的走向，周总理说，修好这条铁路，天府之国的交通就活了。不管条件再艰难，我要坚持下去！（1968年4月）	旁白	房间	13s	相册照片手写纸条
镜头2： 黑白照片2	尽管知道很难，但没想到这么难，工程和生活物资主要靠我们肩挑背扛。我们吃面糊、喝盐水，用钢钎一锤一锤打通大巴山隧道，铁路每推进一公里，就有一名战友倒下。（1968年5月）	旁白	房间	8s	相册照片手写纸条
镜头3： 继续翻看照片	还是不小心受伤了，躺在床上的日子好煎熬，真想赶紧回去和我的战友并肩作战……（1968年9月） 今天看到我的家人哭了，我知道他们是担心我不按照医生的嘱托好好休息，可工期紧、任务重，我不能休息。（1968年9月）	旁白	房间	15s	相册照片手写纸条

续表

故事内容	字幕/独白	声音	场景	时长	道具
第七幕					
镜头4： 继续翻看照片，突然发现了怀表的照片	今天班长送给了我一块怀表，我知道这块怀表意义重大，我一定不负重托，和战友们、工友们一起争分夺秒，早日完成襄渝线建设任务。（1968年12月）	旁白	房间	8s	相册照片手写纸条
镜头5： 主人公摸了摸相册上的怀表，合上相册……望着床头小时候父亲送自己的火车模型，他眼睛里似乎有什么东西在闪烁，也似乎有点明白父亲大发雷霆的原因。画面里若隐若现地出现襄渝线开通的轰鸣声			房间	6s	相册怀表照片火车模型
第八幕					
镜头1： 在母亲的劝说下，父亲送主人公回学校。父亲和儿子走在学校的模拟站台前，爸爸被儿子"数落"一通，尴尬地笑了笑	父亲：儿子，你还记得你刚进入高三的第一次家长动员会吗？爸爸记得当时都到你们校门口了，没想到突然接到单位电话，那次就没给你开成家长会 儿子：怎么不记得，全班同学的家长就你一个没来 父亲：哈哈	现场音	铁轨	15s	
镜头2： 父亲望向前面的火车，向主人公讲述怀表的故事	父亲：襄瑜，你是不是很纳闷你只是摔坏了一块怀表，爸爸为什么那么生气吧 主人公：嗯 父亲：你妈妈跟我说你看了爷爷的相册了 父亲：我记得你爷爷去世前跟我说的最后一句话就是，要把怀表保存好，传承下去……	现场音	铁轨	15s	

第六章 实践探索案例

续表

故事内容	字幕/独白	声音	场景	时长	道具
第八幕					
镜头3： 画面闪回主人公父亲到襄渝线工作的那一天，拿出怀表站在爷爷的照片前			房间	6s	怀表相片
镜头4： 主人公看着出神的父亲，并没有打断他			铁轨	3s	
镜头5： 父亲摸了摸兜里的怀表，把怀表戴在主人公脖子上。主人公点了点头	父亲：襄瑜，爸爸今天把爷爷的怀表送给你，希望你能明白爷爷的心愿	现场音	铁轨	6s	怀表
素材剪辑： 相册里怀表的画面和父亲送儿子怀表的画面交织，朝阳露出天际（或夕阳西下）父子两人在铁轨上并肩而行				5s	
第九幕					
镜头1： 画面转到思政课上，主人公讲述着怀表的故事，同学们听得特别认真，讲到结尾，同学们鼓掌、思政课教师竖大拇指表示赞赏		现场音	教室	5s	PPT 话筒
镜头2： 画面像台历一样翻转，主人公的生活发生着变化 1.主人公积极参加课堂互动；去图书馆学习；在实训室苦练技能 2.主人公在实训课上的技能展示（或小创新），获得同学们的赞赏 3.主人公参与社会实践活动和志愿服务活动		现场音	教室	10s	
镜头3： 主人公鼓起勇气向思政课教师发信息	老师，谢谢您！我找到答案了，家有传承，便是希望！			5s	手机

·89·

续表

故事内容	字幕/独白	声音	场景	时长	道具
第十幕					
剪辑： 三代铁路人依次上车画面	从中共一大到即将召开的中共二十大，我国铁路从时速35公里，发展到今天时速350公里，"复兴号"电力机车牵引的高铁动车，实现我国铁路的伟大跨越，一代代老铁路人无私奉献，在"交通强国、铁路先行"发展理念指引下，我国铁路飞驰在全面建成社会主义现代化强国的大路上，喜迎党的二十大，奋进新征程，新时代的铁路人必将书写下更加精彩的华章……	旁白		20s	

3. 育人分析

影片《时光列车》通过许襄瑜的成长历程，多维度展现了对学生核心素养的培养，具体体现在以下几个方面。

（1）政治认同与家国情怀。影片通过三代铁路人对"人民铁路为人民"精神的传承，以及中国铁路从"跟跑"到"领跑"的历史变迁，培养学生对中国特色社会主义事业的认同感和民族自豪感。主人公在了解家族与铁路事业的共生关系后，主动将个人理想融入"十四五"国家发展蓝图，体现了对国家发展战略的价值认同和责任担当，强化了政治方向与家国情怀的核心素养。

（2）人文底蕴与文化传承。"探寻铁路发展老物件"的任务驱动主人公追溯家族记忆，挖掘三代人坚守铁路事业的精神内涵。这一过程使学生理解个人命运与时代发展的关联，感悟"传承"在家庭和国家层面的文化意义。

（3）责任担当与职业精神。主人公从目标不清晰到主动肩负使命，认识到技能报国的重要性，彰显了对职业责任与社会担当的培养。通过展现铁路人无私奉献、执着坚守的精神，结合交通强国、铁路先行的时代需求，引导学生树立正确的职业观，理解个人选择对国家发展的贡献，强化工匠精神和责任意识。

（4）实践创新与问题解决。影片中"思政课+实践任务"的模式，推动学生从理论认知向实践行动的转化。主人公在实践中主动探索家族与铁路事业的联系，并最终将认知升华为职业选择，解决了个人迷茫，将抽象的"传承"转化为具体的职业目标和报国路径。

（5）科学精神与历史视野。中国从传统铁路到高铁时代的技术跨越，以及三代人在不同历史阶段的技术实践，培养学生对科学技术推动社会进步的认知。影片通过对比不同时代的铁路场景，引导学生理解中国铁路大变迁背后的技术创新与制度优势，形成理性看待社会发展的科学精神。

总之，影片以"个人成长—家族叙事—国家变迁"为主线，将思想政治教育、职业素养、文化传承与实践能力深度融合，最终指向对学生"政治认同、责任担当、人文底蕴、实践创新"等核心素养的综合培养，引导学生在时代发展中找准定位，以奋斗与匠心践行使命。

微电影案例二：《战"脆"计划》

1. 剧本简介

《战"脆"计划》针对"脆皮大学生"现象，立足红军长征出发90周年背景，围绕学生重温中国工农红军第四方面军长征的动人故事，完成"战'脆'"的过程展开。在这节"行走的思政课"中，学生通过打卡红色场馆、聆听革命故事、阅读红色家书等方式，身临其境地了解革命烈士张向阳的"铁皮"之路，感悟红军战士在战火纷飞的年代里，在重重艰难险阻下所展现出的"铁"一般的意志品质和积极乐观的革命精神。在经过精神洗礼后，同学们补足了"精神之钙"，拒做"脆脆鲨"，争做"钢铁侠"，自觉增强体育锻炼、锤炼意志品质、关心国防事业、投身国防建设。

2.剧本脚本（见表6.5）

表6.5 《战"脆"计划》剧本脚本

故事内容	字幕/独白	声音	场景	时长	道具
第一幕					
哨声响起，镜头转至操场。张雯的身后跟着一堆人。前面的张雯吹着哨子，后面的队伍稀稀拉拉，有的还在提鞋跟，有的在扶眼镜，有的在扣扣子……快到最后终点的时候，有的同学相互搀扶过线，有的过线后直接倒在地上（生无可恋的状态）……		现场音	操场	6s	哨子
出片名战"脆"计划					
镜头推进到坐在地上的同学，双手向后撑着。气喘吁吁的看着天空。镜头继续推进，画面渐黑	同学1：受不了了！（喘气） 唐轩：这简直是特种兵训练嘛 胡亦然：这是直接让我破碎	现场音	操场	8s	
素质拓展基地里，张雯熟练地做着匍匐前进、跨越障碍、扑地用枪等战术动作示范演示（这部分请张雯结合部队经历做动作）。同学们看着张雯的动作忍不住出声赞叹。听见同学的话，张雯还是笑着说出了残忍的话	唐轩：好帅啊 小雯：太厉害了吧 胡亦然：如果不让我做的话，就更帅了 张雯：到你们了。加油！	现场音	素质拓展基地	20s	军训服

续表

故事内容	字幕/独白	声音	场景	时长	道具
第一幕					
轮到同学们做这些动作的时候状况百出。 状况1：集合稀稀拉拉 状况2：踢正步站不稳，可以演同手同脚（小雯饰演） 状况3：做动作松松垮垮（胡广远、李瑞饰演）		现场音	素质拓展基地	10s	
状况4特写：为了躲避站军姿，想出晕倒的损招。小雯站第一排，唐轩第二排	张雯帮小雯整理完衣服说：衣服要整理好。 唐轩发出声音示意小雯晕倒 小雯回应：我知道 唐轩看小雯迟迟没反应，自己先晕 其他同学话外音：哎呀呀，怎么是你倒下了，不是她 同学：张雯，你看她是不是中暑了 张雯：是不是没吃早饭？天气热，还是得吃早饭。你带她到旁边休息吧！（张雯示意同学带唐轩到旁边休息。） 小雯扶唐轩起来后，唐轩朝她眨眼睛表现计划得逞的窃喜	现场音	素质拓展基地	13s	
轮到胡亦然做动作的时候，她看着地上的灰尘，看看自己美美的指甲，皱着眉头，十分犹豫。张雯站在旁边观察到她的挣扎，转头看向她，冲她微笑着点了点头。胡亦然不得不勉强做着动作		现场音	素质拓展基地	10s	

· 93 ·

高职院校学生核心素养的培育路径

续表

故事内容	字幕/独白	声音	场景	时长	道具
第一幕					
张雯看了看时间，吹响哨子，喊同学们先去休息。镜头随着哨声拉远攀岩墙上移	张雯：辛苦了大家，今天先练到这里吧	现场音	素质拓展基地	5s	哨子
镜头翻转至课堂。张雯笔直地坐着，旁听老师的课程，同学们三三两两地像"小鸡啄米"式地打瞌睡。有些同学（特写胡亦然）甚至直接将书本挡在自己前面，趴在桌上做着美梦。在老师的提醒下，艰难地抬起头，没过一会儿又趴了下去		现场音	教室	8s	书本
到了下课的时间，同学们纷纷站起来准备走了。有的同学刚站起来，两眼一黑腿就软了，只能和旁边的同学相互扶着。下楼梯时，腿已经不由自主的抖起来了		现场音	教室楼梯	5s	
第二幕					
画面内容	字幕	声音	场景	时长	道具
校园航拍空镜，镜头从天空下移，从校门口推进至教学楼，由教室窗户转入		现场音	学校	5s	
镜头推进，穿过窗户看到教室屏幕上展示着授课PPT。镜头回移顺着老师的目光，台下的同学们有些无聊的用手撑着脑袋听课。老师想到上次课给同学们讲了学校的征兵宣传工作，就询问了班级征兵宣传工作进展	教师：同学们，国无防不立，民无军不安。国防建设不仅仅是军人的事，而是每一个公民的责任 教师：说到这里，学校最近也在进行征兵宣传，之前老师也让班长征集同学们的参军意愿，班长，咱们班的报名情况怎么样了？	现场音	教室	25s	PPT

第六章 实践探索案例

续表

故事内容	字幕/独白	声音	场景	时长	道具
第二幕					
没等班长开口，一位卷着头发的女生就高高地举起了手。老师笑着问道	教师：嗯？怎么了小胡同学？ 胡亦然：老师，您电脑桌面的视频就是我们班的报名情况	现场音	教室	10s	视频
同学们抬头听完胡亦然的话，转头看老师的反应。镜头跟随同学们转向老师。思政课老师在课前已经向班长了解到了这个情况，她故作惊讶地示意胡亦然同学坐下后，打开了电脑桌面的视频。镜头推进播放视频	教师：哦！真的吗，好的。哈哈，看来同学们准备得很充分啊！	现场音	教室	7s	
画面呈现同学们自制的当代"脆皮"大学生视频（脚本另附页，视频长度30s左右）。镜头反转，思政课老师环顾教室，将同学们的表现尽收眼底。同学们乐呵呵地看着视频，有的同学在看到自己室友在视频里的搞怪表现时，用手肘推了推自己的室友。有的同学是用手指视频里的画面，示意自己的同桌快看。有的同学因为搞笑出演，不好意思地一会儿将头埋下，一会儿又抬头起来观看		现场音	教室	10s	视频
视频播放完毕，同学们还沉浸在搞笑视频中，教室闹哄哄的。思政课老师示意同学们保持安静后肯定了同学们的视频制作。同学们听到后，都在不好意思地笑	教师：老师发现咱们班的同学很有表演天赋嘛，视频制作得很不错啊，我简直不敢相信"上半年旅游特种兵，下半年脆皮大学生"	现场音	教室	6s	

· 95 ·

续表

故事内容	字幕/独白	声音	场景	时长	道具
第二幕					
在听到老师分析同学们不想参军入伍的原因时，胡亦然同学举手，镜头推进。她以手掩面，眉头紧皱，一副痛心疾首的样子。同学们哄堂大笑	教师：所以同学们是想通过视频告诉老师，"脆皮"的你们没有信心参军入伍，是吗？ 胡亦然：老师，脆脆鲨的我不配啊	现场音	教室	10s	
思政课老师沉稳淡定地微笑进行回应	教师：同学们，不只是你们，老师也关注到网上有很多关于脆皮大学生的讨论，针对这一现象，老师想邀请大家与我一起完成一个计划	现场音	教室	10s	
听到老师说计划，同学们都好奇地看着老师。PPT页面跳出《战"脆"计划》，同学们看到PPT的瞬间一起念出了声。同学们有些迷茫，三三两两地低声讨论	全体同学：战"脆"计划？（相互探讨，叽叽喳喳，环境较为吵闹）	现场音	教室	5s	PPT
老师拍了拍手，示意同学们听自己说。老师看向张雯，画面特写张雯	同学们，之前张雯同学带大家进行素质拓展其实也是我们战"脆"的一部分。同学们的情况我也有所了解，老师已经在筹备第二个方案了，大家拭目以待吧	现场音	教室	10s	
胡亦然撒娇地向老师说到	胡亦然：老师，我脆脆鲨表示扛不住了	现场音	教室	10s	
胡亦然话音刚落，下课铃就打响了。老师看了看时间。等铃声结束后就宣布了下课	下课铃：叮铃铃 教师：同学们，今天这节课就上到这里。我们的战"脆"计划明天就会开始实行，大家要加油哦！	现场音	教室	8s	

续表

故事内容	字幕/独白	声音	场景	时长	道具
第二幕					
同学们和老师道别后，就往教室外走。胡亦然跟着同学们走出教室。听到同学们讨论，也忍不住思考起来。想到这个可能，胡亦然的脸上露出欲哭无泪的表情	同学1：什么情况啊这是。战"脆"计划是啥啊？ 同学2：不知道啊！ …… 胡亦然：战"脆"？不会是又要我们锻炼吧	现场音	走廊	10s	
镜头跟随胡亦然走出教室后，拍摄胡亦然走出教学楼的背影。在胡亦然走出去后上移。画面渐黑		现场音	走廊	4s	
第三幕					
红四方面军纪念馆内、思政课老师带着同学们进行参观。镜头跟随老师和学生		现场音	纪念馆内	3s	
老师停下，开始说话，镜头定格在老师身上。老师说完，镜头转向同学们，同学们满脸好奇	教师：同学们，今年是红军长征开始90周年暨鄂豫皖苏区建立94周年，今天我们带着战"脆"计划来到中国工农红军第四方面军指挥部旧址，同学们总自嘲说自己是"脆皮"，那大家好不好奇什么是"铁皮"？	现场音	纪念馆内	10s	
镜头转向老师，老师说话	教师：老师今天给大家准备了一个惊喜，有请今天的"讲解员"	现场音	纪念馆内	3s	

续表

故事内容	字幕/独白	声音	场景	时长	道具
第三幕					
张雯走出来,老师和同学的目光看向张雯,镜头跟随张雯,张雯走到老师旁边站定,露出一个微笑。同学们更是惊讶,转头面面相觑	教师:张雯同学不仅有5年的军旅生涯,还经常在纪念馆自愿做讲解员,接下来的时间交给张雯同学 张雯:各位同学,大家好。今天呢,由我为大家讲述一个故事,那是在1931年的冬天……	现场音	纪念馆内	10s	
张雯同学话音落下,画面变黑,转向长征时期,角色张向阳演绎张雯所讲述的长征故事	影视资料剪辑	现场音	纪念馆内	5s	
画面正式开始讲述长征故事 老屋内 张向阳和妹妹用家乡话在谈论着参兵的事情。张向阳看着撅着嘴要哭的妹妹,揉了揉她的脑袋。妹妹微微啜泣,用手抹着眼泪	妹妹:哥哥,你真的决定要走了吗? 哥哥:是呀,我们没有能粉碎敌人的第四次"围剿",我今天就要跟着队伍向川陕边地区转移了 妹妹(扯哥哥衣角,一脸的不舍):哥哥,你能不能不走? 哥哥摸摸妹妹头说:好啦好啦。哥哥是去保家卫国,是最光荣的事情!你应该为我感到自豪! 妹妹:可是从小我们俩相依为命,你答应过不离开我的 哥哥:傻丫头,我也舍不得你……但是在这个动乱的年代,我们不能只求自保	现场音	老屋	20s	

第六章 实践探索案例

续表

故事内容	字幕/独白	声音	场景	时长	道具
第三幕					
画面正式开始讲述长征故事 老屋内 张向阳和妹妹用家乡话在谈论着参兵的事情。张向阳看着撇着嘴要哭的妹妹，揉了揉她的脑袋。妹妹微微啜泣，用手抹着眼泪	妹妹：你还会回来吗？ 哥哥：秀秀，你别担心，我们红四方面军一定会胜利的！我会回来的…… 妹妹：那你要记得给我写信报平安…… 哥哥：好啦傻丫头，哥哥知道了，不哭了，把眼泪擦干	现场音	老屋	20s	
张向阳最后回头看了一眼自己的家门。随后义无反顾地向外走去，镜头跟随张向阳		现场音	老屋	5s	
镜头转向妹妹，她眼眶盈满泪水，趴在屋内的窗口看着哥哥离去的背影，嘴巴一撇终于忍不住哭了出来。镜头转向张向阳，他仿佛是听到了，逆着光挥了挥手，扬起了一个灿烂的笑容，唱着他们小时候一起哼的歌谣（红安的革命歌谣《八月桂花遍地开》），随后坚定地向前走去	"八月桂花遍地开，鲜红的旗帜竖呀竖起来……"	现场音	老屋	12s	
张向阳唱一点，用战士们唱这首歌的原曲接下一个画面		配音	林地	3s	

续表

故事内容	字幕/独白	声音	场景	时长	道具
	第三幕				
张向阳与战友围坐在树林，手里拿着土豆、窝头。通过对话描绘红军战士苦中作乐、乐观的革命精神	张向阳：你们为什么来参军？ 战友张鹏（襄阳口音）：红军经过俺们村的时候打土豪、分田地，俺就知道这是一支为穷人好的军队。那您呢？ 张向阳：红军不拿我们送的吃的，晚上还睡在外面，这跟以前的军队完全不一样。而且他们有坚定的信仰，为了老百姓能豁出命去，我觉得跟着这样的队伍，肯定能做出一番大事 战友许杰（安徽口音）：可不是嘛，俺们那旮旯也是，红军来了就帮着咱老百姓干活，修房子、种地啥的。俺一看，这才是咱老百姓的队伍，就果断参军了。（几名战士纷纷点头赞同） 张向阳：咱这长征路确实艰苦，可大家看看，咱谁也没打退堂鼓 战友李明（甘肃家乡话）：那是，咱都知道这苦是暂时的。有一回啊，俺找到一棵特别老的野菜，俺就跟大伙说，嘿，看看咱这找到啥宝贝了，这野菜长得跟人参似的，吃了肯定能长生不老。（几人哈哈大笑）	现场音	林地	45s	黑面窝头

第六章 实践探索案例

续表

故事内容	字幕/独白	声音	场景	时长	道具
第三幕					
张向阳与战友围坐在树林，手里拿着土豆、窝头。通过对话描绘红军战士苦中作乐、乐观的革命精神	战友许杰（安徽口音）：哈哈，可不是嘛。有一回下大雨，咱都淋成了落汤鸡，咱还说呢，这雨水把咱身上的灰尘都冲干净了，等天晴了，咱又能精神抖擞地往前走 战友张鹏（襄阳口音）：咱这一路上，困难是不少，可咱也有不少乐子。就说上次遇到那条河，大家手拉手过河，那场景，现在想想都觉得温暖。而且啊，咱在休息的时候，还会一起唱歌，那歌声能传到好远好远，感觉把咱的疲惫都给唱走了 战友李明（甘肃家乡话）：是呀，咱虽然苦，可咱心里有希望，有信念。咱知道咱走的这条路是为了咱国家，为了咱老百姓，再苦也值得。虽然脚都磨出泡了，可这脚底板长泡是在提醒咱，咱走的路还不够多，等革命胜利了，咱还要走更多的路，去建设咱的国家 张向阳：唉，说到这，想起前几天那次遭遇战。当时敌人突然袭击，情况十分危急。你为了掩护我，受了伤	现场音	林地	45s	黑面窝头

· 101 ·

续表

故事内容	字幕/独白	声音	场景	时长	道具
第三幕					
张向阳与战友围坐在树林，手里拿着土豆、窝头。通过对话描绘红军战士苦中作乐、乐观的革命精神	战友李明（甘肃家乡话）：嗨，这算啥。咱都是革命战友，互相掩护那不是应该的嘛。这点小伤，不碍事。等养好了伤，咱接着走咱的长征路。咱可不能因为这点伤就退缩，咱还得为了革命胜利继续奋斗呢。而且啊，我这伤也算是个"勋章"了，以后等革命胜利了，我还能跟我孙子讲我这光荣的伤是咋来的。哈哈！张向阳：好兄弟，有你这句话，咱更得坚定信心，一定要取得革命的胜利（战友们纷纷点头，脸上露出坚定的笑容，眼中闪烁着希望的光芒）	现场音	林地	45s	黑面窝头
对话完后，有的战友倒地小憩，有的在缝衣服。张向阳从兜里掏出微微发皱的白纸，展开铺平，又拿出一支笔，沙沙写起字来。张向阳画外音接入，镜头画面穿插张向阳亲人及家乡情况	张向阳独白：亲爱的妹妹，你的来信我已收到了。一年多前我们打败了敌人的围攻，但是形势不容乐观，敌人对我们穷追不舍。我们必须往北边去，和其他军团会师。你问我一路苦不苦，哥哥想说战斗确实艰难，但是我和战友们休息的时候一起讲故事、唱歌、吹口琴，不知不觉就忘记了疲倦。哥哥现在口琴吹得可好呢。你一直问……	现场音	林地	20s	纸和笔

第六章　实践探索案例

续表

故事内容	字幕/独白	声音	场景	时长	道具
第三幕					
信还没写完，炮弹炸响，冲锋号吹起，张向阳和战友扛起枪，冲向战场，画面变黑，战友的声音出现	战友：张向阳！张向阳！坚持住！你的妹妹还在等着你，你的家书我可不帮你送，你自己亲自给她……	现场音	林地	8s	枪狼烟
第四幕					
画面内容	字幕	声音	场景	时长	道具
画面回到纪念馆现场，同学们聚精会神地听着，胡亦然也有所动容，急切地提问	胡亦然：那他牺……牲……了吗？	现场音	纪念馆内	5s	
镜头转向老师，思政课老师看到胡亦然和同学们的变化，说出他走完长征路时，同学们都松了一口气，在听到他在解放战争时期牺牲时，同学们都心情沉重。思政课老师邀请胡亦然来念另一半家书	教师：他走完了长征路，与他妹妹团聚了。教师：他后面参加了抗日战争、解放战争，在解放战争中牺牲了。胡亦然，由你来念张向阳战士之前没写完的家书好吗？	现场音	纪念馆内	5s	家书
老师把家书递给她，胡亦然郑重地接过家书，深情地读起来。画面蒙版穿插胡亦然读家书与战争现场的一些片段	张向阳：你一直问我，这一路苦不苦，对我来讲，生活上的苦不是最苦的，当我的战友们在战场上倒下去，又或者在这途中没挺过来，我总是万分悲痛。但是战争，哪有不流血的呢？我的命已经交给国家了，每当我们到达一个地方，看到其他乡亲欢呼着："红军来了！"我就觉得，我在做一件非常有意义的事。现在，我们已经和红一军团顺利会师，也是大胜利。未来的战斗还很长，但是，我会一直坚持下去，为了国家，为了人民	现场音	纪念馆内	30s	

续表

故事内容	字幕/独白	声音	场景	时长	道具
第四幕					
思政课老师讲完,同学们深受鼓舞,眼神坚定,似是下定了决心,齐声鼓掌		现场音	纪念馆内	3s	
活动完毕,同学们都有序地离开场地,镜头跟随一群同学。镜头给到二人。胡亦然走在张雯前面,她回头的瞬间,远远看到张雯朝着一个方向,敬了一个郑重的军礼(航拍张雯敬礼)。一滴泪从张雯眼角滑落。镜头给张雯面部特写		现场音	外景	17s	
同学们乘大巴返回学校,胡亦然坐到张雯旁边。镜头给到二人。胡亦然回想起张雯落泪的场景,闪现落泪画面	胡亦然内心:她是军人,心里有很深的感触也是正常的	话外音	大巴	5s	
张雯拿出手机,点开母亲发来的语音:"曾祖父,今天我将您的故事……"	母亲发来的语音:雯雯,你今天讲你曾祖父的故事……	话外音	大巴	10s	
胡亦然听到,非常吃惊地看向张雯。画面由笔记本转向胡亦然震惊的脸,又转向张雯。两个字还没完全说完,张雯做了一个"嘘"的手势,示意胡亦然不声张	胡亦然:我的天,你居然是……	现场音	大巴	5s	

续表

故事内容	字幕/独白	声音	场景	时长	道具
第四幕					
汽车沿着高速行驶着，胡亦然靠着窗户迷迷糊糊睡着，画面闪现她对话张向阳的场景。在一处白光的空间内，一名穿着军装的红军战士和胡亦然面对面站立。胡亦然领着张向阳看盛世之中国的场景。[红安的乡村新面貌（航拍镜头）、中国发展的面貌和速度（城市设施、交通、经济繁荣等）、人们参观武汉各个纪念馆的盛况]张向阳听完，满足的笑了，逐渐消失。胡亦然眼含热泪向他挥手道别	张向阳：小同志，你是来自新中国的吗？ 胡亦然：是的，前辈，我来自湖北省黄冈市红安县 张向阳：我叫张向阳，这是哪？ 胡亦然：这是红安七里坪红四方面军指挥部旧址 张向阳：革命胜利了吗？ 胡亦然：胜利了 张向阳：那太好了，如今的中国，是什么样的？能跟我说说嘛 胡亦然面色动容，坚定地回答：好！ 如今您的家乡，发生了翻天覆地的变化，老百姓都过上了好日子。中国改变了曾经受辱挨打的局面，现在已经是世界第二大经济体了。如今，高铁、地铁、空轨、飞机等交通工具使我们的出行越来越便利。您看，纪念馆里络绎不绝的人们，见证着你们的丰功伟绩，我们永远不会忘记你们，而今天的中国——山河犹在，国泰民安，如您所愿！ 张向阳：那就好，那就好啊（感叹的语气）！	现场音		50s	

续表

故事内容	字幕/独白	声音	场景	时长	道具
第四幕					
画面转向胡亦然，胡亦然迷糊醒来，眼角湿润，她拿起手机，在思政课班级群发送信息，同学们纷纷在群里进行回应。手机内容特写	胡亦然：老师，我知道什么是"铁皮"了，我不做"脆皮"，争做"铁皮" 同学1："脆脆鲨"，进化！ 同学2：再见"脆皮大学生" 同学3：战"脆"计划 同学4：+1 同学5：+1 ……	现场音	大巴	10s	
第五幕					
胡亦然站在镜子前，把头发扎起了高高的马尾，穿上了清新的服装，对着镜子自信的微笑		现场音	宿舍	3s	镜子
胡亦然进行总结，台下爆发了热烈的掌声	有人说，长征实际是由一群孩子来完成的。主力红军的长征队伍里，约54%的战士在24岁以下，甚至还有9～12岁的少年。与我们年龄相仿的他们，吃得没有我们有营养、穿得没有我们暖、住得没有我们好，在这么艰难的环境下，他们经受住了来自身体和心理的考验，完成了理想信念的远征。作为新时代青年，我们要传承革命精神，增强体育锻炼，锤炼意志品质，拒做"脆皮鲨"，争做"钢铁侠"，增强忧患意识、提升社会责任感、厚植国防观念、爱军情怀，投身国防建设	现场音	教室	15s	

第六章　实践探索案例

续表

故事内容	字幕/独白	声音	场景	时长	道具
第五幕					
镜头从窗户特写远方，天刚蒙蒙亮。转至操场，同学们列成两列纵队，张雯跑在侧面，同学们跟在张雯后面，陆陆续续跑起来		BGM：追梦赤子心	操场	5s	
素质拓展基地，胡亦然和同学们动作麻利地进行着训练。体测800米测试，张雯掐着表站在终点，同学们一个个从她身前跑过，顺利通过			操场	7s	
模拟站台，同学们打着横幅、印着传单，进行着征兵宣传。一些同学拿着征兵意向进行宣传			模拟站台	5s	
打字机的模式将文字呈现	"艰难困苦、英勇牺牲、忠心耿耿，这些千千万万青年人的经久不衰的热情、始终如一的希望、令人惊诧的革命乐观情绪，像一把烈焰，贯穿着这一切。"			8s	

3. 育人分析

《战"脆"计划》这部影片在培养学生核心素养方面具有多方面的积极作用，主要体现在以下几个方面。

（1）增强国家与民族自豪感。影片以红军长征出发90周年为背景，让学生重温中国工农红军第四方面军长征的动人故事。通过了解革命历史，学生能深刻认识到国家和民族的发展历程，增强对国家和民族的自豪感，从而更加认同自己的国家和民族。

（2）激发探索精神。影片中呈现的革命故事、红色家书等都是真实的历史故事，学生通过相互协作、实践探索的方式去了解历史、认识世界，培养尊重事实、辩证理性进行判断和思考的能力。

（3）激发社会责任感，培养团队合作精神。影片让学生感悟到红军战士的伟大精神，使学生认识到自己作为社会一员的责任和使命。在精神洗礼后，学生自觉增强体育锻炼、锤炼意志品质、关心国防事业、投身国防建设。在参与"行走的思政课"过程中，学生们共同打卡红色场馆、交流分享革命故事等，相互合作、相互支持，能够培养团队合作精神，提高与他人沟通协作的能力，为今后更好地参与公共事务、服务社会奠定基础。

三、从"入学迷茫"到"校园融入"：心理健康教育的多维引导

大学生心理健康是其核心素养形成与发展的基础。心理健康的大学生能够更好地发挥自身的智慧和能力，展现出良好的文化素养和知识运用能力，同时也能在社会交往中表现出积极的态度和行为，促进社会适应良好。大学生心理健康与核心素养相互影响、相互促进。大一时期是大学生核心素养培育的重要阶段和契机，而促进大一新生的校园生活适应亦是培育大学生核心素养的有效途径之一。

大学生适应是指大学生的心理状态无论是在何种境遇条件下，无论自身条件的优劣，都能客观地加以认识，并从行动上进行积极的调整，使自身的心理状态很好地适应环境，包含人际关系适应、学习适应、校园生活适应、择业适应、情绪适应、自我适应和满意度七个维度。学生对大学的适应水平不仅影响其大学阶段的生活和学习，还会影响其成年后的人格和生涯发展。国内外研究显示，学校适应不良是大学生焦虑、抑郁、压力、持续性自我伤害行为的危险因素，而良好的适应能够提升大学生的心理弹性和幸福感水平。大学新生的适应问题尤其值得关注。进入大学是个体生

命成长发展历程中的一次重要转折，个体与社会环境的关系被全方位地改变，在学业、生活、情绪、人际关系、自我照顾、环境适应等方面都可能会面临一定程度的挑战。因此，为了缓解学生在适应过程中面临的各种压力，预防心理健康问题和危机事件的发生，面向大学新生开展适应性干预刻不容缓。

团体心理辅导是促进大一新生适应校园生活的一种有效形式。本案例从积极心理学的视角出发，结合大学生适应理论，融合学校心理健康教育、学业指导和就业指导相关的资源，将课内辅导活动与课外实践活动相结合，开发系统的教育性团体辅导方案，共计8个主题，每个主题1.5小时。活动命名为"大学新生适应成长训练营"，旨在提升学生的适应能力水平，帮助其消除入学迷茫，促进校园融入。团体辅导方案具体内容如下。

（一）主题一：破冰团建

1. 团体目标

（1）促进成员相互认识，增强团队凝聚力。

（2）阐明团体契约并愿意遵守。

（3）澄清团体成员的困惑与期待。

2. 物资准备：扑克牌、团体登记表、大白纸、彩色笔、记号笔。

3. 团体过程

（1）热身活动：无声联结（5min）

① 团体成员在活动室内自由走动，观察环境中的一切，可以在自己感兴趣的地方停留，全程静音；② 成员以无声的方式打招呼，相互拍肩、碰膝盖、碰脚。

（2）破冰活动：幸运之牌、赋能自我介绍（20min）

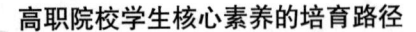

① 每人抽取半张扑克牌，并在场内找到另一位手持扑克牌的花色和点数与自己相匹配的同学，形成二人组；② 赋能自我介绍：按照格式"我叫（姓名），来自（学院），我有很多优点，在这里就只告诉你们三条：第一个是……，第二个是……，第三个是……，剩下的就以后再慢慢告诉你，谢谢！"相互进行自我介绍；③ 手持同一花色扑克牌的成员自动成为一个小组（共四个组），由二人组成员在小组中相互介绍对方，重复上述赋能自我介绍内容。

（3）建立契约：签署团体规则（10min）

① 共同阅读商讨团体规则；② 成员无异议后，集体签署团体规则。

（4）团队凝聚：小组建设（25min）

① 每个小组领取团体登记表1份、大白纸1张、彩色笔1盒；② 各小组选择组长，由组长带领共同想出组名、组呼，共同设计团队形象海报；③ 小组完成团体登记表，并上交给带领老师。

（5）头脑风暴：困惑与期待（30min）

① 每组领取大白纸1张、记号笔1支；② 大白纸横向摆放，居中画一条竖线分隔区域，左侧抬头写"我的困惑"，右侧抬头写"我的期待"；③ 小组成员自由交流分享，由1人做记录，将"困惑"和"期待"分别记在大白纸上；④ 每组派1名代表上台分享小组讨论结果。

（二）主题二：积极自我

1. 团体目标

（1）促进成员了解自我欣赏与悦纳的重要性。

（2）通过心理测评帮助成员发现自己的优势。

（3）通过故事分享强化成员的优势。

（4）布置"幸福打卡"课外实践练习。

2.物资准备：绘本《我喜欢我自己》纸质版和电子版、优势探索登记表、优势生命故事探索表。

3.团体过程

（1）热身活动：抓手指游戏（5min）

①所有同学相互挨着站在一起，伸出自己右手的食指朝上，伸出左手掌心朝下，将自己的食指放在右边同学左手掌心下方；②当带领者的指令中出现"3"时，所有同学的手掌要去抓旁边同学的食指，所有食指要躲开；③抓到者胜出。

（2）共读绘本：《我喜欢我自己》（20min）

①介绍绘本《我喜欢我自己》，准备播放电子版；②播放电子版绘本之前，向学生说明看绘本过程中需要思考的三个问题："假如你是主角，你在类似的情景中会如何处理？""你在阅读过程中内心的体验与感受？""通过阅读绘本，你得到的启示是什么？"③共同观看电子版绘本两遍，然后学生自由分享。

（3）发现优势：填写优势问卷（20min）

①讲解优势相关知识，学生填写《优势行动价值问卷（VIA）》，该问卷由清华大学社会科学院积极心理学研究中心开发，共72个题目，用以测量24项品格优势的得分；②学生誊写自己的优势得分到训练手册相应位置，然后发现自己的最强优势和标志性优势。

（4）强化优势：分享优势生命故事（40min）

①每名成员领取一张画有4个同心圈的《优势生命故事探索表》，每个圈代表5岁，依次为0～5岁、5～10岁、10～15岁和15～20岁；②学生回忆在每个圈代表的阶段里，让自己觉得有成就的事情，并探索在这个事件中，体现出自己的哪些优势，记录在相应阶段的圈内；③将所有

成员分成内外人数相等的两个圈,内外圈的同学面对面,依次向对面的同学分享自己一个阶段的优势生命故事,每人分享 2 分钟;④分享活动过程的体验与收获。

(5)布置作业:幸福打卡(5min)

①每天回顾生活中发生的三件好事,这三件事情可以无关紧要,如"在课堂上回答了一个超难的问题",也可以非常重要,如"我暗恋已久的人约我出去吃饭",同时思考:"这件好事儿为什么会发生?""这对你意味着什么?""如何才能让这样的好事在未来更多地发生?"②每天以图文并茂的方式记录在打卡小程序中,并分享到打卡群里。

(三)主题三:乐观学习

1. 团体目标

(1)促进成员关注影响学习效能的非智力因素。

(2)帮助成员挖掘自己的学习优势力量和内在学习资源。

(3)建立习得性乐观学习的观念,提升学习效能感。

2. 物资准备:笔、练习纸、彩色笔。

3. 团体过程:

(1)热身活动:大风吹(5min)

①团体成员围圈坐好,主持人说"大风吹",成员回答"吹什么",主持人说"吹戴眼镜的人(具备某种特征)";②具备这种特征的成员需要离开原位,找到新的位置坐下,由此重复 5 轮。

(2)学习澄清:学习相似圈(15min)

①团体成员围圈坐好,思考以下三个问题:我们从学习中学到了什么?在大学学习中,我期待学到什么?现在我对目前学习的理解或困惑是

什么？②随机指导一位同学用1个词语来回答1个问题，并说出"请和我有同样答案的成员向前一步走"，下一位同学依次轮流作答。

（3）学习风格：多元智能理论（20min）

①成员学习了解多元智能理论和VARK学习风格类型；②成员完成练习《我的智力八方》，并分享得分最高的三项和优势成长典型事件。

（4）学习品质：学习高光时刻（20min）

①成员回忆学习中的高光时刻，并将其绘画下来，为其命名；②成员分享高峰体验中有成就感的故事，用积极心理品质去评价"这段历程中的我"。

（5）学习策略：学习百宝箱（20min）

①成员完成学习百宝箱，介绍学习金字塔（学习方式与效率）；②成员学会学习策略的分类及应用。

（6）学习定制：我的学习地图（10min）

①成员了解习得性乐观的定义；②成员完成练习《我的学习地图》，从身体、关系、成就与未来四个层面去梳理学习收获与期待；③成员用一句话总结学习收获。

（四）主题四：情绪管理

1. 团体目标

（1）建立觉察和认知情绪的科学方式。

（2）学会有效的情绪管理策略。

2. 物资准备：笔、练习纸、彩色笔。

3. 团体过程：

（1）觉察情绪体验：调一杯心情奶茶（15min）

① 成员梳理情绪类型：想象将"这学期的情绪体验，汇成一杯奶茶。你觉得是什么口味的？"小组内分享；② 完成热身游戏体验："乌梅故事"，当故事口令中含有"乌梅"时，成员需要抓住旁边成员的手；③ 完成热身游戏体验："谁赢谁先逃"，成员分成两人一组，猜拳决定胜负，胜出的一方要先逃走，避免手被抓到。

（2）接纳情绪感受：情绪之王（25min）

① 成员梳理生活中情绪的产生场景，并选出当下最受困扰的情绪，为其命名为"情绪之王"；② 带领者讲解从信号和功能视角看情绪的产生。

（3）情绪相处之道（25min）

① 知识讲解：情绪 ABC 理论，学会几种短期与长期情绪调节方式；② 完成"读懂情绪语言表"，成员学会运用 ABC 理论来归因情绪。

（4）情绪九宫格（20min）。

① 成员通过梳理让自己感觉自在、幸福、安全的九类材料（地点、人物、食物、音乐、衣服、图片、打扮、练习、其他），并完成"情绪九宫格"的填写；② 成员学习蝴蝶拍技术，学会让自己平静下来。

（5）小结（5min）：一句话总结活动收获。

（五）主题五：职业生涯探索

1. 团体目标

（1）促进成员联结，缓解焦虑，引出主题。

（2）了解自身兴趣与职业发展的关系。

（3）了解自身优势与职业发展的关系。

2. 物资准备：岛屿标识牌（R-I-A-S-E-C）、透明胶、练习纸、笔、白板、白板笔。

3. 团体过程

（1）热身活动：手操（5min）

① 张开双手，学会用手指表示数字1~9，大拇指表示"+"，双手握拳表示"="，让成员开始用双手完成1+1=2，2+1=3，3+1=4，4+1=5……直到8+1=9，即算手操完成；② 再加快速度，让成员重新完成一次，活跃气氛并调动成员的专注力。

（2）增强成员联结活动：连连看（15min）

① 成员自我介绍，介绍信息中要包含：我是谁，我来自哪里，我的个性关键词是什么（1~3个），我来团体最想解决的生涯发展困惑是什么；② 成员介绍完后，邀请下一位和自己有共同特征的XX成员进行自我介绍，句式为"我想邀请和我一样……（共同特征）的XX同学介绍。"共同特征不重复。

（3）生涯规划概念导入：想想看（15min）

① 带领者引发成员思考：什么是生涯？我为什么要做生涯规划？有人说世界瞬息万变，计划赶不上变化快，做了也是白做，你是如何理解的……② 通过成员的讨论，带领者要落实到生涯规划的目的不仅仅是找到一份工作，而是获得自己生活的掌控感，提升职业满意度和人生的幸福感。

（4）兴趣探索活动：一生的岛屿（40min）

① 房间内的墙上贴上带有描述的岛屿标识牌（R-I-A-S-E-C）；② 每位成员根据"一生的岛屿"练习的要求，完成选择，并分享完成该练习的感受，以及自己的发现。③ 结合成员的分享，带领者向成员介绍霍兰德的六角模型，并根据该模型让成员理解自身兴趣如何与未来职业发展相挂钩，如何提升自己的职业满意度和幸福感。

（5）技能探索学习：自身优势觉察（15min）

① 带领者介绍"知识""技能""才干"三者之间的关系；② 引发成员思考，目前我具有哪些能力优势？我在大学期间还要提升哪些知识、技能和才干？我如何将自己的技能与未来的职业发展相联系？……③ 带领者介绍提升自身技能的途径和方法，拓展成员的思路。

（六）主题六：职业生涯规划

1. 团体目标

（1）通过活动，让成员了解什么对自己是重要的，即价值观议题。

（2）结合自身兴趣、优势和价值观，合理规划大学后的生活。

2. 物资准备：轻音乐、音箱、彩色笔、A4纸若干、板夹。

3. 团体过程

（1）热身活动：身心放松练习（10min）

① 带领者调暗室内光线，保持周围环境安静，开始播放轻音乐，并让成员坐靠在墙边，身体处在放松的状态，同时闭上双眼；② 带领者念指导语，成员跟随指导语进行身心放松练习。

（2）生涯幻游：典型的一天（15min）

成员在完成身心放松练习后，继续跟随带领者的指导语进行生涯幻游之"典型的一天"的活动。

（3）价值观探索：十年后的生活（40min）

① 成员完成生涯幻游练习后，用彩色笔在A4纸上画出十年后的生活场景，完成后进行分享；② 在分享过程中，成员进一步体会什么对自己是最重要的，即价值观。

（4）职业生涯规划：我的大学生活（25min）

① 带领者教授成员如何进行工作世界探索，并学会利用身边的资源，获取信息；② 成员结合生涯探索中有关兴趣、优势和价值观的探索，尝试确定自己的发展方向，并规划自己的大学生活。

（七）主题七：时间管理

1. 团体目标

（1）增加成员对自己当下时间管理现状的认识。

（2）设置稳定、高效、系统的长期目标。

（3）落实时间管理计划。

2. 物资准备：小纸条、练习纸。

3. 团体过程

（1）热身活动：撕撕我的一天（5min）

① 每个成员一张长纸条，假设这是自己的一天；② 根据带领者的提示，依次从纸条上撕去一些固定的时间分配。

（2）了解时间使用现状：绘制时间饼图（15min）

① 每人发放一张绘有圆圈的A4纸；② 圆圈象征一周，小组成员根据过去一周的时间使用情况，绘制在白纸上；③ 分享：绘图的过程中有什么感受？有些什么新的觉察？

（3）明确目标和计划：目标平衡轮（40min）

① 大圆代表大学生活，八个扇形代表生活中的八个重要部分。请成员从学习、社交、家庭、娱乐爱好、职业发展、健康、财务、输出等方面选取八个自己认为最重要的，分别写在每一个扇形上；② 根据自己目前的满意度，从0~10给自己评分（0代表"非常不满意"，10代表"非常满

意"），例如自己的学习满意程度为 6 分，则用一种颜色的笔将该部分涂到 6 分刻度；③按照以上方法，根据自己对八个部分的满意程度，将八个扇形用不同颜色的笔进行涂色；④思考大学结束时，在这八个部分的理想满意度分别是多少，用另一个颜色的笔进行涂色；⑤观察平衡轮，再依次思考几个问题：你注意到了什么？改变哪个部分可以带动整个平衡轮转动起来？采取什么行动可以改变这部分？⑥引导学员在想要改变的部分旁边列出 1～3 个可执行的计划；⑦小组内互相分享。

（4）落实行动：绘制时间管理四象限图（20min）

①发放空白时间管理四象限图；②讲解如何使用四象限图；③根据上一环节设定的计划以及现实情况，做下周计划；④第一轮结束后组员之间进行分享和讨论；⑤讨论后修改四象限图。

（5）巩固练习效果：大组分享（10min）

①小组内先进行总结分享；②小组代表在大组内分享。

（八）主题八：积极关系

1. 团体目标

（1）增强人际联结，促进人际合作，感受信任力量。

（2）通过日常作业促进学以致用。

（3）加强联结，并进行团体分离。

2. 物资准备：无。

3. 团体过程

（1）热身活动：重逢在指尖（5min）

①将学生分成两组，两组学生分别围成一个圆圈构成内外圈；②内圈的学生全部转过身来，与外圈的同学相对而站，两人一队；③当带领者

说"手势"这个词时，大家就向对方伸出自己的手指，当带领者说"动作"这个词时，大家按照规则做出相应的动作；④ 做完一组，听带领者指令，进行移动，重新组队做动作。

（2）初体验积极关系：桃花朵朵开（15min）

① 所有成员站起来随意走动；② 带领者说"桃花朵朵开"，成员问"开几朵"，带领者说到开几朵时，成员就以相应的数字组成一个小团体。

（3）探索合作精神：冲出包围圈（20min）

① 所有成员分为两组，一组为包围者，一组为突围者；② 所有包围者手臂相勾围成圆圈，形成包围状。突围者则单兵作战，突围队员先站在圈内，然后可以采用各种方法闯出圈外。阻挡者彼此齐心协力阻挡该突围者闯出；③ 一分钟以后，换其他突围队员，直到所有突围者轮完为止；④ 组内分享体验和收获，并请小组代表在大组内分享。

（4）建立信任：疾风劲草（20min）

① 各小组所有成员轮流选一个圆心（劲草），其他人围成一个圆，力量强弱的人员交叉排列；② 疾风：半弓步站立，双手伸直，双手并拢，手掌朝上，与手臂垂直，保证大家的手掌刚好围成一个直径2～3米的圆，依据参与人员的身高适当调整，身高越高，直径越大；③ 劲草：一人圆心站立，双脚并拢，双手前伸交叉握住，并朝下内绕270度，让握住的双手顶住下巴，轻闭双眼，保持身体僵硬；④ 劲草大声说："我是某某，我准备好了，我要倒了，大家准备好了吗？"疾风齐声大喊："我们准备好了，你倒吧！"劲草笔直地倒在风（大家的手掌）上，同时保持双脚贴紧地面不动；⑤ 疾风们按左或右同一方向把劲草向左或右传递一圈或几圈，风的手尽量不要后退，也不向前推，而是左右转移劲草即可；⑥ 疾风把劲草推回圆心直立，劲草睁开眼睛，大声说：你们是最棒的！我相信你们！⑦ 轮

流到圆心扮演劲草，继续活动。重复以上步骤：在得到大家坚定的回答后，中间的劲草闭上眼睛大声说"我倒了！"然后身体笔直地倒向人们伸出的手上，疾风温柔地将这个成员沿着圆圈转一圈。

第三节 服务育人

武汉铁路职业技术学院始终将实践育人作为培养高素质技能人才的重要途径，通过丰富多元的实践活动，全方位培育学生的核心素养。

在"三下乡"社会实践活动中，该校学生深入乡村基层，将专业知识与实际需求相结合。他们充分发挥铁路相关专业的优势，为偏远地区普及铁路安全知识，协助开展铁路运输调研，助力乡村交通建设；同时，通过支教、义诊等活动，增强社会责任感与服务意识，提升沟通协调能力。

每逢春运、暑运，学校便组织学生投身铁路运输一线。学生们化身志愿者，在车站协助旅客购票、引导乘车、搬运行李。在服务过程中，不仅熟练掌握铁路客运服务流程，更深刻体会到铁路人的使命与担当。面对春运、暑运期间的大客流压力，学生们锻炼出强大的抗压能力与应急处理能力。

此外，学校积极推动学生参与社区志愿服务。从关爱孤寡老人、留守儿童，到参与社区环境整治、文化宣传活动，学生们在社区这个广阔平台上，学会关爱他人、奉献社会，培养出良好的团队协作精神和社会适应能力。

通过这些实践活动，武汉铁路职业技术学院的学生在知识应用、社会责任、职业素养等多方面得到全面提升，为成长为德才兼备的高素质人才奠定坚实基础，也为社会发展贡献青春力量。

理论、实践与服务构成的育人体系，实质是通过"输入—转化—输出"

的循环，实现素养的螺旋式提升。互动教学激活思维，实践项目锤炼能力，志愿服务升华价值，三者共同指向"全面发展的人"的培养。未来的教育需进一步打破课堂边界，构建更开放、更融合的育人生态，让核心素养真正成为学生应对未来挑战的底气和优势。

第七章　未来趋势与政策建议

第一节　发展趋势展望

一、职业本科教育的扩展对高职素养培育的辐射效应

国家日益扩展的职业本科教育体系为高职教育的完善带来了新的希望与发展动力，职业本科教育在人才培养方案、课程体系建设、师资队伍发展等方面较职业专科教育更具优势，对高职学生核心素养的培育能够起到更为积极的扩展影响。这种影响推动我国高职教育向更深层次发展，也为培养高素质技能人才提供了重要路径。

开展职业本科教育，能够促使高职院校重构人才培养方向和目标，重新制定契合实际的人才培养方案，使高职学生核心素养的培育能够更加贴近企业需求。职业本科教育的目标在于培养高层次技能型人才，特别注重学生综合素质和创新能力的培育。这一理念推动高职院校在人才培养目标上，从单纯的注重技能训练向多元方向（强调技能、核心素养与创新能力

的多元发展)转变。例如,在机械制造类专业中,高职院校开始注重对学生工程思维、复杂问题解决能力的培养,在教学过程中开设综合性实践项目,引导学生学会先动脑筋思考、再动手实践,并在事后加强反思,从而提升其运用多学科知识解决实际问题的能力,实现综合素养的发展与提升。此外,因为职业本科教育重点对接企业的高端需求,所以这也促使高职院校主动对接前沿技术和产业动态,及时调整课程设置,增强学生与行业需求的匹配度,提高其就业竞争力。

在课程体系建设方面,职业本科教育为高职院校提供了系统化的改革范本。由于职业本科教育比较注重理论与实践的结合,注重培养学生用理论解决实践问题的能力,因此其课程设置具有很强的系统性和进阶性。这提示高职院校应进一步优化课程结构,增加理论课程比重,扩充知识储备,使学生不仅"知其然",更能"知其所以然"。同时,在教学方法上,高职院校也可以借鉴职业本科教育中的各类启发式、体验式教学方式,如项目式教学、案例研讨式教学等,将企业中的一些真实案例、真实情境引入课堂教学之中,提升教学效果与质量。例如,在电子商务专业的教学中,高职院校引入跨境电商运营的项目教学模式,让学生在模拟实践中提升市场分析、营销策划、客户服务及大数据运用等综合能力。此外,高职院校还可以借鉴职业本科教育对实践场地的高标准要求,加大对实训基地的建设投入和维护力度,为学生提供更加优质的学习环境,促进其技能与素养的同步提升。

在师资队伍建设方面,高职院校也应积极借鉴职业本科教育的经验。因为职业本科院校对教师的整体要求更高,特别是实践能力、科学研究能力和教学能力等方面,这提示高职院校也应更加注重对师资队伍建设这些方面能力的要求。一是,高职院校可以选派教师到职业本科院校进修学习,参与他们的科研项目，进入他们的课堂实地观摩与学习，从而提升自身的理论修养和教学能力。二是，高职院校要进一步加强"双师型"师资队伍建设，积极引进大型企业的优秀人才担任兼职教师，借助这些优秀的行业专家和技术骨干的力量，将企业的新技术、行业的新规范等内容融入课堂教学，帮助学生成为更贴近企业需求的高素质技术技能人才。例如，护理专业可以邀请具有三甲资质的教学医院中的优秀护士担任实训教师，为学生开设实践教学课堂，结合临床实际案例开展教学，切实提升学生的实务操作能力和职业责任感。

职业本科的出现，使我国职业教育体系更加完善。学生可以通过职业高中阶段的技能高考进入高职院校，再通过努力获得职业本科的深造机会。在此过程中，学生的学习积极性显著提高，能够更加积极主动地参与各类技能比赛、社会实践项目及创新创业活动，其知识储备、专业技能和核心能力等综合素养在这一过程中得到充分锻炼与成长，整体核心竞争力得以全面提升。同时，职业本科教育的质量标准和评价体系也为高职院校提供了重要参考，促使高职院校不断完善自身评价机制，将职业素养指标纳入学生考核体系，通过多元化评价方式，全面、客观地评估学生素养发展情况，引导学生重视自身综合素养的持续提升。

二、人工智能与元宇宙技术对职业场景教学的影响

人工智能与元宇宙技术作为当今前沿科技，正深刻地改变着包括职业教育在内的各个领域。元宇宙是一种由计算机创造的超越物质世界的无限宇宙空间，是人类数字化生存的最高形态。教育元宇宙是指学习者利用VR/AR/MR、数字孪生、区块链、5G等智能技术塑造的深度沉浸、虚实融合的教育环境。这两项技术以其独特的优势，为职业场景教学中教学模式

创新、学习体验优化、教学资源拓展、师资能力提升等方面带来了深远的影响。

职业场景教学模式因人工智能与元宇宙技术而发生了创新性变革。传统的职业场景教学在时空和资源方面存在诸多限制，真实的职业场景难以在教学过程中被真实还原。而元宇宙技术通过构建虚拟工厂、虚拟医院、虚拟法庭等虚拟的职业环境，让学生能够在学习过程中尽可能体验和感受真实的职业场景和氛围，进行模拟操作与实践，从而达到更加理想的教学效果。例如，在机械制造专业教学中，学生可以在元宇宙中进入虚拟的智能制造车间，操控虚拟设备，完成产品的设计、加工和装配等操作，如同置身于真实的生产场景之中。人工智能则可根据学生的学习进度和表现，智能推送个性化的学习内容和任务，实现因材施教。在护理专业教学中，人工智能系统可以根据学生对不同护理技能的掌握程度，为其安排针对性的护理案例进行分析和处理，帮助学生更好地提升专业技能。这种全新的教学模式能够有效地突破传统教学的局限，激发学生的学习兴趣和主动性，从而提升整体教学效果。

在学习体验方面，人工智能与元宇宙技术能够增强学生在学习过程中的真实感受，促进知识的优化与转化。元宇宙凭借其沉浸式体验的特点，帮助学生更加投入学习过程，专注于学习内容，增强学习代入感，显著提升学习记忆效果。以旅游管理专业为例，学生可以在元宇宙技术创设的虚拟情境中，仿佛亲身经历一般游览世界各地的景点，了解当地的风俗民情和旅游资源，既能拓宽学生的视野、丰富相关知识储备，也能提升旅游管理技能。人工智能的智能交互功能则为学生提供了更加便捷的学习资源，使学习效能变得更加高效。高职院校可通过打造智能虚拟导师，使学生不论是在面临专业学习问题时，还是希望扩充学习知识时，都可以便利地与虚拟导师进行对话交流，提出疑问并获得相应的专业解答，犹如拥有一个量身定制、随时响应的专业顾问。此外，人工智能技术还可以帮助学生在学习过程中进行实时监测记录，并提供及时的学习反馈，为积极学习成果赋能，同时在发现问题时能够及时纠错，从而全面提升学习质量。

  人工智能和元宇宙技术还极大地丰富了职业场景教学中的相关教学资源。元宇宙平台能够突破时空的限制，汇聚来自全球各地的虚拟职业场景模型、案例库、教学视频、作业库等优质教学资源，满足学生的个性化学习需求。例如，在市场营销专业教学中，人工智能可以分析市场趋势和消费者行为等数据，为学生提供真实的市场案例和营销策略，丰富教学内容，使学生更好地了解行业动态。在建筑设计专业中，学生可以在元宇宙中获取不同风格和类型的建筑设计案例，学习先进的设计理念和技术。此外，人工智能技术可以通过对海量数据的分析和深度挖掘，为职业场景的教学提供更多有价值的参考资料和教学素材。

  对于教师而言，人工智能与元宇宙技术为其教学提供了更多的便利和机遇，同时也对其教学能力和素养提出了更高的要求。首先，教师需要认真学习这两项技术的应用方法，才能将其有效融入教学情境之中，从而设计出更具体验性、真实性的教学方案。例如，教师应学会利用元宇宙平台创建符合学科特点的虚拟教学场景，并运用人工智能工具进行反馈数据收集、教学过程管理和学生学习效果评价。人工智能与元宇宙技术也为教师提供了更多的教学研究机会和视角，提升了教学创新的可能性。教师可以借助对学生在虚拟环境中学习数据的深度分析，结合其学习行为和需求，不断改进教学方法和策略。此外，元宇宙和人工智能技术可以促进教学数据、资源和经验的共享，帮助教师实现与其他教育工作者进行跨区域的交流与合作，从而不断提升自身的理论水平和教学能力。

然而，人工智能与元宇宙技术在职业场景教学中的应用仍面临一些挑战。首先，高职院校需高度重视数据安全和隐私保护，在收集和使用学生学习数据的过程中，必须确保数据的安全性和合法性。其次，经济因素可能制约高职院校相关技术的推广和应用，由于这些技术的普及和应用成本较高，部分高校可能因资金限制而难以引入和更新相关设备和软件。此外，教师掌握相关的技术需要投入时间接受培训并深度钻研，这对教师的学习主动性和专业发展提出了较高要求。

第二节 政策与实践建议

一、完善职业教育立法中的素养评价标准

完善职业教育立法中的素养评价标准，是推动职业教育高质量发展、确保人才培养与社会需求精准对接的关键环节。当前，我国职业教育评价在评价方式、评价主体、评价机制、评价形式和评价手段等方面，仍存在总结性评价为主、发展性评价不足，政府评价为主、多元性评价不足，形式化评价为主、实质性评价不足，传统评价为主、现代化评价不足等问题，与适应职业教育高质量发展的要求仍存在一定差距。造成职业教育评价存在诸多问题的原因来自多方面，相关评价政策制度的缺位、国家资格框架制度建设的滞后、职业教育评价理论体系的相对薄弱、社会对职业教育支持力度的不足等，都是影响职业教育评价体系建设的重要因素。国家需从立法层面系统构建科学、规范、多元的素养评价体系，为职业教育发展提供坚实的法律保障。

就立法框架设计而言，需明确职业教育素养评价标准的法律定位与基

本原则。在职业教育相关的法律法规中，应明确将素养评价标准作为核心内容予以规定，突出其在职业教育人才培养质量监控、专业建设优化等方面的重要意义。通过法律条文明确规定，评价标准制定需遵循的三大基本原则，即客观性、科学性和发展性，确保评价过程与结果经得起实践检验。例如，在立法中明确指出，应根据行业实际需求开展素养评价，评价过程必须结合职业岗位能力标准，并以真实数据与实践表现为参考依据，避免主观臆断。同时，法律法规还需规定评价标准必须随着产业技术升级、职业内涵拓展等而进行动态更新，使职业教育与社会发展需求始终保持契合，保障职业教育真正培养出社会需要的人才。

在构建具体的评价标准内容方面，立法应推动形成涵盖多元维度的指标体系。职业素养评价需突破单一技能考核的局限，纳入职业道德、职业精神、创新能力、团队协作等综合要素。法律可以规定，职业院校应针对不同专业、不同职业岗位，制定细化的素养评价指标。以护理专业为例，立法可规定其评价标准除护理操作技能外，还应包含沟通能力、应急能力、职业责任感、职业伦理等内容；对于智能制造专业，则需将智能设备操作、技术创新思维、安全生产意识等纳入评价指标。同时，应明确各指标的权重分配方式，通过法律规范保障评价体系的合理性与全面性，促使职业院校全面培养学生综合素养。

完善职业教育立法中的素养评价标准，还需建立规范的评价实施与监督机制。立法应明确规定评价主体的资质与权责，要求评价主体包括职业院校、行业企业、第三方评价机构等，并对其参与评价的程序、方式进行规范。例如，法律可规定企业参与评价时需提供真实的职业岗位需求数据与实习学生表现记录；第三方评价机构需具备相应专业资质与独立地位，确保评价过程的公正性和客观性。在监督机制方面，通过立法设立专门的监督机构，对评价过程与结果进行全程监督，对违规操作、弄虚作假等行为制定明确的法律责任与惩处措施，保障评价工作依法依规开展。

此外，立法需推动建立素养评价结果的应用与反馈机制。法律应明确规定职业教育素养评价结果的适用范围，如将其作为职业院校专业设置调整、招生计划分配、财政经费拨付的重要依据；作为学生职业资格认定、就业推荐的重要参考。同时，要求职业院校和行业企业根据评价结果，及时调整人才培养方案与教学内容，形成从评价到反馈、再基于反馈进行改进的良性循环。通过法律的强制力保障评价结果的有效应用，切实发挥评价对职业教育人才培养质量提升的导向作用。

通过以上立法层面的完善举措，构建科学、规范、可操作的职业教育素养评价标准体系，以法律的权威性与强制性推动职业教育评价改革，提升职业教育人才培养质量，促进职业教育与产业发展的深度融合，为经济社会发展提供坚实的人才支撑。

二、推动"岗课赛证"一体化育人模式创新

"岗课赛证"一体化育人模式是以岗位需求为导向，将课程教学、技能竞赛、职业证书获取有机融合，是高职院校深化产教融合、提升人才培养质量的重要创新路径。

打破岗、课、赛、证之间的发展壁垒，是"岗课赛证"一体化育人模式的核心所在，高职院校应以此构建四位一体的协同育人体系。"岗"是在企业运行需求的基础上产生的。企业按照发展目标和战略规划搭建组织架构，根据组织架构划分岗位职责与任务，这些岗位职责与任务最终以岗位群和存在于实践场域中的具体岗位工作的形式呈现出来。岗位一般包括工作内容、工作职责、工作条件、任职资格等要素。"课"是在学校育人

需求的基础上开发的，各专业（群）通常按照国家政策要求、人的发展需求、市场人才需求等，形成育人的总体目标，再根据育人目标确定教学内容，最后将教学内容以课程体系和存在于教学场域中的具体课程形式呈现出来。课程一般包括课程目标、教学内容、教学模式、教学方法与教学评价等要素。"赛"是指职业技能竞赛，是依据国家职业技能标准，结合生产和经营工作实际开展的、以突出操作技能和解决实际问题能力为重点的、有组织的群众性竞赛活动，具有鲜明的竞争性、职业性和教学性特点。"证"是基于岗位的技能需求，遵循技能人才评价逻辑形成的一套考核标准体系，其评价对象仅限于技能水平，评价要求从底线思维出发，达到合格即可。

"岗"是高职院校的育人航标。高职院校需深入行业企业，了解当前岗位对学生能力和素质的要求，并据此构建"课程"体系，确保教学内容与实际工作需求相匹配；通过各类技能竞赛，实现以赛促学、以赛促教，从而激发学生的内生学习动力，提升业务实践能力与创新水平；而"证"则是一种衡量学生能力的权威凭证。例如，在计算机网络技术专业中，以网络工程师岗位能力需求为基准，重构课程体系，将网络设备配置、网络安全防护等内容融入课程；组织学生参与全国职业技能大赛，在备赛过程中强化技能训练，赛事成果同样也可以转化运用到日常教学情境，促进实践型人才的培养；鼓励学生考取行业认证等职业证书，实现"岗课赛证"的深度融合。

在创新举措方面，高职院校需从课程体系重构、教学模式改革、评价体系优化等多维度推进。在课程体系重构方面，邀请行业专家、技术骨干共同参与，紧密结合岗位典型工作场景和相应岗位要求，开发模块化教学课程。以汽车维修专业为例，高职院校可以将课程划分为发动机故障诊断与维修、底盘检测与调试等模块，每个模块对应的岗位实际工作内容，并按照职业技能等级证书考核标准设计相应的课程内容。在教学模式改革中，推行项目式、小组合作式、任务驱动式的教学模式，将技能竞赛项目的相应评分标准转化为具体的教学目标，生成相应的教学任务，让学生在完成教学任务的过程中掌握相应的知识和技能。如电子商务专业可将直播带货竞赛项目引入课堂，学生分组完成选品策划、直播运营等任务，从而提升其实践操作能力。评价体系优化则需要考虑建立多元化的评价机制，将学生的岗位工作表现、课程学习成绩、竞赛成果、证书获取等情况纳入综合考量，形成全面、复合的评价指标，从而实现对学生核心素养的综合评价。

如果"岗课赛证"一体化育人模式能够有效运行，需要以校企合作、资源保障、师资队伍建设、评价机制、组织领导等方面的全方位保障为前提。第一，在建立校企合作长效机制方面，高职院校应与企业签订合作协议，明确双方权责利。第二，在资源保障方面，高职院校应加大对实训基地的建设投入，建设集教学、实训、竞赛、考证于一体的多功能实训中心。第三，在师资保障方面，高职院校需加强"双师型"教师队伍建设，一方面鼓励学校教师深入企业实践锻炼，提升实践教学能力；另一方面应聘请企业技术骨干担任兼职教师，充实师资力量，促进校企双方师资的协同育人。第四，还需开发数字化教学资源，建设"岗课赛证"一体化教学资源库，为教学提供翔实的参考素材。同时，高职院校还应建立科学的动态监测与反馈机制，定期对育人模式实施效果进行评估，根据行业变化和企业需求及时调整优化，确保育人模式的持续创新发展。此外，在组织保障方面，高职院校应成立由校领导、企业高管、行业专家、技术骨干等组成的协同育人领导小组，统筹协调各方资源，确保育人模式顺利推进。

参考文献

[1] 章君. 新发展格局下增强职业教育适应性的重要意义与具体策略——基于职业教育功能的视角[J]. 教育与职业，2021（12）：13-18.

[2] 王义遒. 素质教育：回顾与反思[J]. 北京大学教育评论，2019，17（4）：58-74，185-186.

[3] 辛涛，姜宇，林崇德，等. 论学生发展核心素养的内涵特征及框架定位[J]. 中国教育学刊，2016（6）：3-7，28.

[4] 林崇德. 中国学生核心素养研究[J]. 心理与行为研究，2017，15（2）：145-154.

[5] 左璜，莫雷. 核心素养：为未来培养高智能优质人才[J]. 高等职业教育探索，2017，16（3）：1-7.

[6] 尹忠泽. 论皮亚杰儿童认知发展理论中的辩证法思想[J]. 山西师大学报（社会科学版），2006（3）：136-138.

[7] 谭天美，胡锦霞. 学科核心素养培育的理论根基、现实基础与实践维度[J]. 教学与管理，2025（7）：1-6.

[8] 郭文富，马树超．职业教育类型定位与职普融通的适应性思考［J］．中国职业技术教育，2025（1）：23-27，41．

[9] 肖子蕾．产教融合视角下高职学生职业核心素养的培养研究［J］．教育教学论坛，2024（21）：181-184．

[10] 吴矿宁．校企合作培养高职学生职业素养的路径研究［D］．重庆：西南大学，2024．

[11] 傅琼．基于心理规律构建三个课堂联动的职业素质养成体系［J］．职教论坛，2011（17）：61-62，65．

[12] 潘菊素．实践教学"三课堂"联动培养高技能人才［J］．中国高教研究，2008（5）：82-84．

[13] 唐雪梅．"三全育人"视域下铁路高职院校学生党员培养的创新策略研究［J］．智库时代，2024（23）：38-41．

[14] 李莉莉，胡文娟，徐齐福，等．基于核心素养的路桥建设的实践研究［J］．公路交通科技（应用技术版），2019，15（3）：311-313．

[15] 李莉莉，王振宇，唐雪梅．"核心素养"与"关键能力"培育视角下高校思政课改革实践研究［J］．教育界，2019（15）：66-68．

[16] 王宁霞．生命教育视野下大学生健全人格培养模式探析［J］．黑龙江高教研究，2011（8）：133-135．

[17] 余金聪，范纯琍，唐雪梅，等．大学生目标内容与幸福感的关系：基本心理需要满足的中介作用［J］．中国健康心理学杂志，2022，30（2）：296-301．

[18] 赵志雅．心理控制源对大学生焦虑、抑郁的影响［D］．武汉：华中科技大学，2021．

[19] 余金聪，赵志雅，唐雪梅，等．大学生心理控制源与健康危险行为

的关系[J]. 中国学校卫生, 2022, 43（2）: 260-264.

[20] 唐雪梅, 梅莹. 大学生心理控制源与健康生活方式的关系: 体育锻炼的中介作用[J]. 心理月刊, 2025, 20（4）: 83-85.

[21] 潘爱华. 朋辈教育模式在高校思想政治教育中的实践[J]. 学校党建与思想教育, 2011（20）: 45-46.

[22] 唐雪梅. 大学生朋辈教育在思想政治理论课中的应用研究[J]. 人文之友, 2020（15）: 247-248.

[23] 唐雪梅. 大学生意见领袖在思想政治理论课中的作用发挥研究[J]. 人文之友, 2020（7）: 58-59.

[24] 黄丽娟. 高职学生核心素养评价体系构建研究[J]. 长沙民政职业技术学院学报, 2024, 31（1）: 97-100.

[25] 李佳婷. 高职学生核心素养评价的困境及对策[J]. 闽西职业技术学院学报, 2019, 21（3）: 42-45, 86.

[26] 易峥英, 王小童, 梁意钰. 基于大数据技术的高职院校学生核心素养评价指标体系构建研究[J]. 顺德职业技术学院学报, 2024, 22（4）: 13-20.

[27] 教育部《大学生心理健康测评系统》课题组, 方晓义, 沃建中, 等. 《中国大学生适应量表》的编制[J]. 心理与行为研究, 2005, 3（2）: 95-101.

[28] 陈福侠, 樊富珉. 大学新生学校适应、心理弹性与心理健康的关系[J]. 中国健康心理学杂志, 2014, 22（12）: 1894-1896.

[29] 陶沙. 从生命全程发展观论大学生入学适应[J]. 北京师范大学学报（人文社会科学版）, 2000（2）: 81-87.

[30] 李雨丛. 团体心理辅导对大一新生学校适应的干预研究[D]. 西宁:

青海师范大学，2021.

[31] 李洋. 积极心理干预训练对大学生心理健康水平与主观幸福感的影响研究[D]. 成都：四川师范大学，2017.

[32] 缪玲，曾祥跃，张新成. 人工智能赋能职业院校产教融合人才培养的应用研究[J]. 职教论坛，2025，41（2）：28-35.

[33] 赵书琪. 元宇宙赋能职业教育：价值意蕴、应用机理与实践路径[J]. 职业技术教育，2023，44（1）：34-39.

[34] 沈中彦，孙丹. 职业教育评价研究二十年：基本逻辑、框架体系与未来展望[J]. 教育与职业，2022（21）：20-27.

[35] 刘广耀，窦凯旋，胡伟. 协同论视域下高职"岗课赛证"综合育人课程体系的建构困境与纾解策略[J]. 教育与职业，2024（19）：56-63.